다시 길 위에 서다 ⑪

섬 연가

섬, 섬, 섬 _ 섬을 노래하다

윤명선 시집

바다에 떠 있는 섬
사회에서 떠도는 섬
마음속을 흐르는 섬

책·봄

■ 출간의 변

섬에서 나를 만나다

노년을 산다는 건
고독을 넘어선다는 것
시간과 씨름하는 것
나와의 전쟁이다

이제는 나만의 세계에서
시간을 보내자고 마음먹고
사진 찍고 시 습작하면서
섬을 거닐면서 인생을 노래한다

외로움으로 저 멀리 떠 있는 섬
그리움으로 저 멀리 떠도는 섬
파도소리에 가슴 설레면서
수평선 바라보고 가는 섬 여행

자연을 배경으로 하지만
내 시에는 은유와 운율이 없고

인생에 대한 사색과
의미를 입히는 논리만 있을 뿐

뜨거운 가슴이 아니라
아픈 마음으로 쓰고
아름다움보다
인생의 의미를 추구하며

이제는 나라는 섬이
바다를 건너 섬으로 간다
마음의 치유를 받고
행복의 성을 쌓기 위해

구름 쳐다보고 파도소리 들으며
오늘을 건너가는 섬 여행
자연과 소통하고
순간에서 영원을 추구하며

세상에서 해방되어
자유함을 얻고
행복을 누리며
구원의 길 걷고 있다

시와의 전쟁을 벌이며

목차

출간의 변 _ 섬에서 나를 만나다 • 3

서시 : 섬을 거닐며 • 10

1. 섬으로 가는 길

동행 --- 14
섬 섬 섬 -- 15
섬으로 가는 길 ---------------------------------- 16
수평선 -- 18
섬에서 걷는 곳은? ------------------------------- 20
오늘 -- 22
지금 이 순간 ------------------------------------ 24
'나의 섬' -- 25
섬과 사람 --------------------------------------- 27
눈을 감으면 ------------------------------------- 29
삼각관계 -- 31
마지막 질문 ------------------------------------- 33

2. 섬들의 모습

섬들의 모습 ------------------------------------- 35
섬 섬 섬 -- 36
푸른 -- 38
해결사 섬 --------------------------------------- 40
섬을 바라보면 ----------------------------------- 42
섬과 나 --- 43

섬과 시와 나 -- 46
'아직도' --- 48
오륙도 -- 50
'누드 섬' -- 52
추억이 머무는 섬 ------------------------------------ 53
연못 속의 섬 --------------------------------------- 55
나라 지킴이 -- 57

3. 하늘에는 구름이

하늘 -- 60
한 평의 하늘 --------------------------------------- 62
'하늘 길' -- 63
저 새처럼 --- 65
바람이 불면 --------------------------------------- 66
구름처럼 -- 68
초승달 -- 70
저처럼 -- 72
소낙비는 내리고 ------------------------------------ 74
첫눈 -- 77
안개 낀 섬 --- 79

4. 바다에는 파도가

바다에서 -- 82
바다의 측량 -- 84
바다를 건너가며 ------------------------------------ 86
아침바다 -- 88
바닷가 구름 --------------------------------------- 90
해안산책로 -- 92
바다낚시 -- 94

모래 위에 쓴 시 ---------------------------------- 96
등대 -- 98
남대문바위 ------------------------------------ 101
조약돌 -------------------------------------- 103
발자국 -------------------------------------- 105

5. 섬을 거닐며

섬에 가서 걸으면-------------------------------108
길 위에서------------------------------------ 110
나그네길 -------------------------------------112
춤의 세계------------------------------------ 114
'혼자라는 것' --------------------------------- 116
섬에 가면------------------------------------ 118
자연의 음성 ----------------------------------120
출렁다리 ------------------------------------ 123
산책 --------------------------------------- 125
사진 찍으며 걷는 '길' --------------------------- 127
느림 우체통 ---------------------------------- 129
'무인도'의 추억-------------------------------131

6. 섬사람들이 가는 길

구름처럼 바람처럼 ----------------------------- 134
인생도 파도처럼 ------------------------------- 135
달나라 고독 속으로 ---------------------------- 137
'누린다는 것'--------------------------------- 139
보헤미안 -------------------------------------141
총각 선생님 ---------------------------------- 143
거북이 -------------------------------------- 145
바지락 줍는 여인들 ---------------------------- 147

비움의 지혜 --------------------------------------- 149
꿈속 부자---151
잘못된 비교 -------------------------------------- 153
자유가 숨 쉬는 곳 -------------------------------- 155

7. 봄에는 꽃이 피고

호랑나비 --- 158
'살아 있다는 것' ----------------------------------160
'아름다움'이란? ---------------------------------- 162
다시 '봄'이! -------------------------------------- 164
잡초 --- 166
꽃의 아름다움 ------------------------------------ 168
흔들리며 자라는 꽃-------------------------------- 170
꽃을 들여다보며 ---------------------------------- 172
목련 --- 174
핑크빛 뮬리 -------------------------------------- 177
동백꽃 --- 179

8. 섬 같은 사랑을 위하여

사랑은 자연처럼 ---------------------------------- 182
사랑이란 --- 185
사랑의 미로 -------------------------------------- 186
소식을 기다리며 ---------------------------------- 188
바닷가 밤길 --------------------------------------190
첫사랑의 추억 ------------------------------------ 192
잔영 --- 194
겨울연가 --- 196
이별 그 후 --------------------------------------- 197
자신을 사랑하라 ---------------------------------- 199

9. 가을에는 낙엽이 지고

가을이 오면 ---------- 202
늦가을에 ---------- 204
석양을 바라보며 ---------- 206
일몰 ---------- 208
'나이 듦'에 대하여 ---------- 210
홍시 ---------- 212
낙엽 ---------- 214
겨울나무 ---------- 216
첫눈처럼 ---------- 218
겨울 나그네 ---------- 220
빈 의자 ---------- 222

10. 섬에서 걸으며 배우며

섬에서 걸으며 배우며 ---------- 223
걷는 것만으로도 ---------- 224
섬은 학교 ---------- 225
'내 탓이야' ---------- 227
감사해요 ---------- 229
마음의 평화 ---------- 231
단순한 삶 ---------- 233
나무처럼 ---------- 235
물처럼 ---------- 237
산을 오르며 ---------- 239
지나침은 모자람만 못한 법 ---------- 241
섬들을 내려다보며 ---------- 243
섬처럼 살다가 가리라 ---------- 245

섬 여행 결산서 • 247
마감을 하며 • 250

서시: 섬을 거닐며

구름 쳐다보고
바닷가 거닐며
오늘을 건너가는
지금 이곳

자연으로부터 얻은 지혜
경험을 통해 깨달은 교훈
삶을 즐겁게 만들고
인생을 가볍게 건너가고

섬을 두루 돌아다니면서
자연과 교감을 하고
마음의 숲을 거닐며
나를 만나는 여행

사진 찍으면서 걸으면
모든 존재가 피사체

구도를 맞추면서 깨닫는
자연의 섭리

'모든 형상은 아름답고
모든 존재는 가치가 있다'

구름 쳐다보며 걷고 있는 지금
마음에 평화가 임하고
순간에서 영원을 누리는
기쁨이 가득한 이곳

이곳이 '살아서 가는 천국'
지금이 '구원으로 가는 시간'

구름 따라 걷다보면
어느덧 나도 구름이 되고
하늘을 떠도는 순간
황홀감을 느끼고

그 순간 나는 섬에 없다

1
섬으로 가는 길

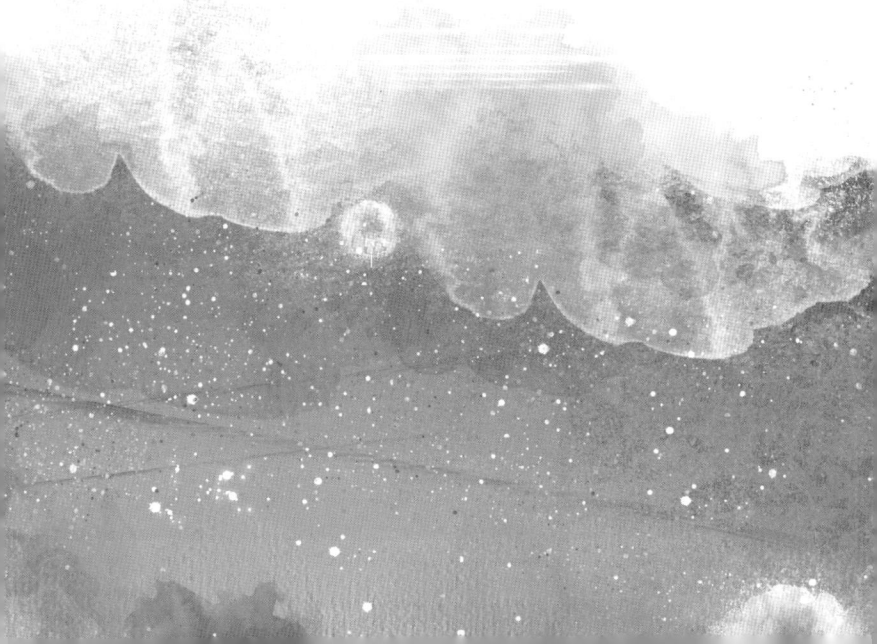

동행

- 바다와 나의 관계

나는 항상 섬의 품 안에서 머물고
섬은 항상 내 가슴 속에서 뛰놀고

섬 섬 섬

– 섬의 방정식

섬*이 섬**에 가서 거닐다가
섬**을 만나 마침내 섬*이 되고
섬**을 거닐다가
다시 섬***으로 돌아오는

섬 섬 섬의 함수관계

이것이 섬 여행이고

지금 나는 섬* ** ***이다

*   마음속을 흐르는 섬
**   바다에 떠 있는 섬
*** 사회에 떠도는 섬

섬으로 가는 길
- 가거도를 향하여

섬으로 가는 길에는
푸른 소망이 떠 있고

하늘

섬으로 가는 길에는
저 멀리 그리움이 떠 있고

수평선

바다는 항상 출렁거리며
가슴 뛰게 만들고

파도

바다 위를 흘러가고
뱃전을 시원하게 스쳐가고

바람

하늘에서 하염없이 흐르면서
인생이 흘러가는 모습 보여주고

구름

섬으로 가는 길 위에서
나는 해방되고

자유인

내 마음속을 걷기 위해
섬으로 가는

섬 여행

수평선
- 홍도 가는 길

바다 저 멀리서 유혹하는 수평선
수없이 갔었다
그곳을 바라보기 위해
그곳에 도착하기 위해

바다 위에서 마음만 달려가고
파도소리에 가슴만 출렁일 뿐

가도 가도 다가오지 않고
목적지에 도달하면 사라지고 마는

수평선

어느 날 내 가슴속으로
바다가 홀연히 들어오니

파도처럼 출렁이는 수평선

비로소 보이는 그 실체

그리움

내 인생길 이끌어주고
내 삶의 원동력임을 깨닫는 순간

내가 느끼는 해방감
내가 누리는 자유함*

이제는

내 마음속 수평선 만나기 위해
출렁이는 바다로 떠나고

내 마음속 섬을 걷기 위해
머나먼 섬으로 달려간다

그곳에서 너를 본다

* 괴테는 여행의 목적을 해방감, 자유함, 행복과 구원에서 찾는다.

섬에서 걷는 곳은?

- 굴업도에서

바다 한가운데
외롭게 떠 있으면서
항상 사람들 가슴속에서
그리움으로 떠도는 섬

오늘도 섬으로 떠난다

수평선 바라보고 가는 동안
그리움은 부풀어 오르고
파도소리에 장단 맞추어
가슴은 출렁거리고

섬에 도착하면
구름 쳐다보고 바닷가 거닐고
하늘 쳐다보고 산을 오르며
자연과 소통하며 섬을 걷지만

섬 여행에서 결국 걷는 곳은
'내 마음 속 오솔길'
걸으면서 '나'를 만나고
돌아올 때는 '다른 나'가 되는

자연의 음성 들으며
다시 태어나기 위해
섬으로 달려가는

내 마음
내 발길
내 여행
내 인생

늦가을에도 여전히

오늘

- 선유도 가는 길에서

(선유도 가기 위해 구름의 그림자 밟고
바람과 씨름하며 바다 위 다리를 걷는다)

다리 위에서 해방되어
푸른 바다 건너다보며
마음은 허공을 거닐고
순간순간 행복을 밟으며

'오늘'을 건너가고 있다

어제는 흘러간 과거일 뿐
내일은 불확실한 미래일 뿐
나의 실존은 '지금 여기'다

살아있음에 감사하며
자연의 맛을 즐기고
삶에 의미를 덧칠하며

모든 짐 내려놓고 걷는

오늘을 어떻게 사느냐에
성공과 실패가 달려 있고
오늘에 몰입하면
행복을 누릴 수 있으니

"지금 이 현실에서 그대 의식 속에
충만한 기쁨과 행복이 가득 넘칠 때
바로 그곳이 천국이다"*

'살아서 가는 천국'

파도소리에 발 맞춰
구름과 동행하며
지금 이곳에서
나는 천국을 걷고 있다

* 롱펠로, 인생찬가

지금 이 순간
- 사승봉도에서 걸으며

사승봉도 바닷가를 걷는다 항상 꿈꾸고 있던 무인도 푸른 하늘 내려와 바다 위에서 파도 타고 뛰놀고 시원하게 펼쳐진 바다 저 너머로 섬들이 듬성듬성 떠 있다 시원한 바람이 발걸음 가볍게 스쳐가고 가슴을 뛰게 만드는 신비한 풍경이다 구름이 흐르면서 인생을 노래하고 새들이 날면서 자연을 노래하고 무인도라서 사람들의 발자국이 찍혀 있지 않기 때문에 볼 수 있는 순수한 자연의 모습 오늘도 살아있음에 감사하며 이곳을 건너가니 순간순간 사이로 행복이 넘쳐 흐른다 '카르페 디엠' : 지금 이 순간을 즐겨라 구원은 지금 이곳에 있나니 저 하늘 맴돌고 있는 뭉게구름 따라 내 마음도 흐른다 영원보다 중요한 건 순간이고 가장 중요한 순간이 '지금 이 순간'이다 인간의 실존은 바로 지금 이 순간이다 바다 위에서 날아오는 축축한 바람에 가슴 적시면서 행복의 탑을 쌓으며 걷고 있다 내 가슴속에 머물고 있는 지금 이 순간 이곳이 천국이다 '살아서 가는 천국' 여기서 즐겁게 오늘을 건너가고 있다 내 영혼 붉게 태우면서 나는 천국을 걷고 있는 중이다

'나의 섬'
- 지도에 없는 섬

내 안에 있는 섬
때로는 가까이 있고
때로는 멀리 있는

언제부터인가
핸드폰이 울리지 않는 순간
나와 세상 사이에는
바다가 들어차고

하나의 섬이 된 나

세상과의 소통은 끊어지고
나만이 호젓하게 머물고 있는 섬
전체가 내 공간이고
오롯이 내 시간인

지금은 바닷가 거닐며
수평선만 바라보고

성난 파도와 씨름하며
모래밭에 신기루 쌓고 있다

나만의 성

구름 따라 흐르는
푸른 허공 거닐며
나와 다른 내가
은밀한 소통을 하며

때로는 그 안에서
때로는 그 밖에서

섬과 사람

- 욕지도 가는 길에서

바다 위에 떠 있는 섬
혼자야
세상에 던져진 사람도
혼자이고

섬은 파도와 부딪히며 존재하고
사람은 세파와 싸우며 살아가고
더 힘든 건 외로움이야
그래서 그리움이 생기고

섬은 가까이서 보면
외로움
섬은 멀리서 보면
그리움

사람은 항상 섬을 그리워하고
섬은 언제나 사람을 기다리니
외로움이 그리움 찾아가는 것

이것이 섬 여행이다

섬의 품에 안기면
사람은 섬이 되고
섬은 사람 품에 안기어
함께 뛰놀고

그래서 섬으로 간다

눈을 감으면

- 홍도에서

산 정상에 올라 푸른 산을 베고
길게 누워 눈을 감고
마음의 문을 열면

하늘이 마음속에서 뛰놀고
바다가 가슴속에서 출렁거리고
머릿속에는 우주가 가득하고

모든 것이 다 보이고
모든 것을 다 누리고
모든 것이 내 안에 있는

지금 나는 누구인가?

우주와 영원을
데리고 놀고 있는 산 정상

나만으로 충만한 지금

나만으로 가득한 이곳

지금 이곳이 천국 아닌가
모든 것을 누리고
영원을 찾아가는

눈을 뜨고 싶지 않은
지금 이 순간
천국을 거닐고 있다

산 정상에 누워서

삼각관계
- 고독의 고리로 맺은

파도치는 바다 위에
홀로 누워 있는 섬

흔들리는 나뭇가지에
혼자 앉아 있는 새

홀로 앉아 창 너머로
바라보고 있는 나

누구나 원하는 건 원형이지만
세상은 다각형이고

섬과 새와 나 사이는 삼각관계
고독의 연결고리로 맺어진

섬을 닮은 새
새를 닮은 나
나를 닮은 섬

철학이 아니라 감성이 빚어내고
서로의 만남을 기약할 수 없는 관계

섬에서만 느낄 수 있는 모습
삼각관계는 흐르고 있다

온몸으로 바람 맞고
파도처럼 부르르 떨며

섬에서 고독을 삼키며
시간의 수레바퀴를 타고

마지막 질문

- 제주도 올레길을 걸으며

나는 왜 여기서 걷고 있지
질문을 던지면서
구름 쳐다보며 걷는 바닷길
은퇴하고 나면
모든 질문으로부터
은퇴할 줄 알았는데
질문은 그칠 줄 모르고 계속되고
지금도 어디로 가고 있느냐고
인생이 질문을 던지고 있다
산다는 것 자체가 질문의 연속이니까
의미 있게 산다는 것은
질문을 던지며 살아가는 것
삶의 지혜를 얻고 나를 완성하며
살아가는 과정에서 의미를 찾고
살아가는 과정을 즐기면서 살고
인생은 죽을 때까지 진화하는 법
지금 이 순간도 섬에 와서
파도 소리 들으면서

마지막 질문 던지며
바닷길을 뚜벅뚜벅 걷고 있다

'나는 어디로 가고 있는가'

2 섬들의 모습

섬 섬 섬
- 세 가지 섬

바다 한 가운데
외로움으로 떠 있고

바다 저 멀리
그리움으로 떠도는

섬

세파 속에서 헤매며
외로움과 그리움

두 날개를 펴고
세상을 떠도는

섬

내 안에 깊숙이
외로움으로 떠 있고

그리움을 향하여
마음을 열고 있는

섬

섬이 섬으로 달려가
섬과 만나서 어울리다가

자연과 교류하면서
내 속의 나를 만나고

다시 섬으로 돌아와
섬에서 표류하는

섬의 삼각관계

파도처럼 출렁거리며
섬을 오가는

나의 섬 여행

푸른

- 섬의 색깔

섬에 오면

푸른 하늘
푸른 바다
푸른 나무

그리고
푸른 마음

하늘에는
푸른 희망이 떠 있고

바다에는
푸른 파도가 뛰놀고

섬 전체에
푸른 평화가 숨쉬고

온통
푸른 세상이다

섬은

해결사 섬

- 관리도에서

인간사 모든 문제 풀어주는 섬은

만능 해결사

섬으로 가라

그리움이 손짓을 하면

섬을 거닐어라

모든 번뇌 잊어버리고 싶으면

섬이 되어라

외로움이 솟구쳐 오를 때에는

섬처럼 살아라

일상에서 욕망을 내려놓고
섬사람이 되라

주어진 환경에 만족하면서

모든 문제를 해결해주는 섬

사람들은 자유인이 되고

섬을 바라보면
- 장고도 가는 길에서

망망대해에 홀로 떠 있으면서

외로움의 상징이다가
그리움의 대상이다가

바다를 두르고 서 있으면서

바다를 갈라놓는 장벽이다가
바다를 이어주는 다리이다가

바다 저 멀리 떠 있으면서

수평선을 만들어 유혹하다가
수평선을 숨겨버리기도 하다가

내 마음은 항상 섬 위에서 떠돌고
섬은 항상 내 안에서 뛰노는
'너' 그리고 '나'

섬과 나
- 어떤 관계인가

내가 가고 싶은 곳
나를 기다리는 곳
나의 대화의 창구
내 사색의 창인

섬

반갑다

누드가 되어
모든 걸 보여주고
모든 걸 이야기하고
모든 걸 내어주는

섬

고맙다

나는 섬에 안기고
섬은 내 안으로 들어오고
두 섬이 하나가 되는
또 하나의

섬

뜨겁다

나의 삶이고
나의 분신이고
나의 교실이고
나의 학습장인

섬

그립다

섬에서 거닐면서
작가가 되고
철학자가 되고
신이 되는

섬

위대하다

섬을 거닐며
나를 거닐며

섬과 시와 나

- 시작노트

섬은 한 편의 시다

외로움을 달래려고 가던 섬
그리움에 이끌려서 가던 섬
누군가에 이끌려서 가던 섬

지금은 사진기에 담고
시 한 수 건지기 위해
달려가는 섬

섬 안에서
모든 자연의 모습이 흐르고
섬 안에서
모든 것이 시의 소재가 되고

바닷가 거닐고
산길을 오르면
샘물처럼 흘러내리는 시

언어가 아니라 마음으로
말이 아니라 가슴으로 그려
내 마음을 뛰게 만드는

지금 이곳에서
시상에 취해 출렁거리며
건너가고 있는

섬은 한 편의 시다
섬 여행은 시작(詩作)이고

'아직도'
- 그 실체는

아직도 마음속에서
그리고 있는 섬

바다 한가운데서
파도소리 들으며
추억을 간직하고 있는

'아직도(島)'

실연시간은 짧고
추억은 영원한 것

'사랑하는 사람들에게
시간은 영원하다'*

추억에서 영원을 낚시질하며
그리움 마시고 사는

'아직도'

*   셰익스피어, 〈베니스의 상인〉에 나오는 구절.

오륙도

다섯 개의 섬이 모여 있는 오륙도

멀리서 바라보면
섬이 다섯이다가 여섯이다가

사람들은 헷갈려 하지만

내 눈에는 그 위에서 떠도는
섬 하나 더 보이니

'나'라는 섬

세상이란 바다에서 떠돌고
세상의 파도에 출렁거리는

여섯이다가 일곱이다가

사람들에게는 '56도'

나에게는 '67도'

바닷물에 몸을 적시며
하늘만 쳐다보고 있네

'누드 섬'

- 마라도

그 섬에 가면 아무것도 없다 등대 하나 외롭게 서 있을 뿐 수도승처럼 바다 한가운데 앉아 파도소리 들으며 수련만 거듭하고 있다 하늘과 바다만 이웃할 뿐 산도 없이 나무 한 그루 없이 잔디밭만 알몸으로 누워 있다 성난 파도는 몸체를 흔들어대고 하늘이 손짓을 하고 바다가 유혹을 하니 가슴은 뜨거워지지만 흔들림 없이 정조를 지키고 있다 밤이 되면 등대는 외로움의 빛을 토해내고 달은 파도의 리듬 타고 잔디밭을 건너가고 '아무것도 없음'이 이 섬의 자산이다 파도에 시달리면서도 혼자라도 고독하지 않음을 알몸으로 증거하고 있는 섬 잔디밭에 누워 눈 감으니 나도 섬이 된다 모든 것이 내 안에 있고 모든 것을 동시에 느끼니 지금 이 섬에 나는 없다 나는 허공을 날고 있다

추억이 머무는 섬
- 남이섬에서

북한강변에 머물며
그리움으로 떠 있는 섬

추억을 만나러 간다
추억을 만들러 간다

수없이 찾아갔던 곳
내 인생의 앨범에
갖가지 스토리들이
차곡차곡 쌓여 있는 섬

수평선은 볼 수 없지만
섬을 바라보며 건너가면
몸보다 마음이 먼저 가 있고
수많은 추억들이 나를 반긴다

내가 찾아가는 최종목적지는
'내 안의 섬'

내가 실제로 거니는 곳은
'추억 속의 길'

내 마음은 구름 쳐다보며
강변 따라 걷고 있지만
세월은 강물 타고 흘러 흘러
저 멀리 가 있고

나의 추억의 섬
영원하라

나의 추억 속에서
나의 앨범 속에서

연못 속의 섬
- 덕수궁에서

연못 속에 홀로 앉아 있다
작고 좁고 초라한 모습으로
지나가는 사람들
섬으로 보지도 않고
이름도 없으니
불러주는 사람도 없고
도심 속에 묻혀있는 섬
무인도보다 더 외로운 섬
'군중 속의 고독'을 씹으며
아주 미미한 존재이지만
아름답고 의미가 있는 섬
파도는 치지 않을 망정
내 가슴 항상 출렁이고
침묵으로 항변하고
알몸으로 시위하는
저 연못 속의 섬

처연하고 고답적인
나를 닮아 있는
섬은 그런 것

나라 지킴이

- 독도의 숙명

동해바다 가장 먼 곳
마주보며
아침 햇살 제일 먼저 맞이하는
동도와 서도*

오랜 세월 파도와 싸우면서
파수꾼으로
우리 역사의 숨결을 따라
나라를 지켜오는 돌섬

두 송이 무궁화 꽃으로 피어나
나라를 보듬고 있는 그대
주권의 상징
'한반도의 부속도서'**로서
대한민국의 영토인 것을

외로워하지 마라
넓은 바다에 홀로 떠 있다고

한반도가 그대 어머니 아닌가
오랜 세월 지켜온

무서워하지 마라
어머니가 지켜주고 있으니
모든 힘 다 기울여
이 세상 끝나는 날까지

거센 파도와 폭풍에도
흔들림 없이 서 있으며
일본으로부터 영원하라
나라를 지키는 파수꾼으로

섬의 위용 늠름하니
감히 덤빌 수 있으랴
파도치는 기세 대단하니
감히 넘볼 수 있으랴

역사가 증언하고 있고
세계가 주목하고 있으니

* 독도는 두 섬을 포함하여 89개의 부속도서로 이루어져 있음.
** 헌법 제3조. '韓國領(한국령)'이란 팻말이 우뚝 서 있으면서 대한민국의 영토임을 온 세상에 밝히고 있음.

3
하늘에는 구름이

하늘
- 홍도에서

하늘이 마음껏 율동하고 있다

푸른 희망으로 높이 떠 있으며
나를 유혹하는 하늘

하늘은 내가 내려온 곳
하늘은 내가 돌아갈 곳

하늘무대에서 구름과 내 가슴
이어주는 그리움이 뛰놀고

하늘에 안겨 구름처럼 흐르고
하늘에서 새처럼 공중을 날며

그리움의 다리를 건너 오르고 싶은
하늘나라

인간의 본향

바닷가에서
하늘을 쳐다보고 걸으며

한 평의 하늘

- 소이작도에서

낮은 산 정상에 누워 하늘을 쳐다본다 세상 소리 들리지 않고 바람마저 잠든 평화스러운 곳 파도소리만 멀리서 귓가에 스쳐갈 뿐 나무와 나무 사이로 푸른 하늘이 내려온다 눈에 들어오는 건 오직 한 평의 하늘뿐 어린 시절 나는 조그만 마당에서 놀고 있었다 그곳이 나의 운동장 아니 세상이었다 그때는 더 넓은 세상을 향하여 뛰쳐나가고 싶었다 별을 따겠다고 밤에 장대를 메고 산으로 올라간 적도 있고 지금 나는 한 평의 하늘과 얼굴을 마주하고 있다 저곳이 나의 도서관 아니 천국이다 지금은 저 좁은 하늘로 올라가고 싶다 하늘 안에서 나의 실존은 머물고 싶다 그 때는 지나가고 오늘이 떠 있다 그때는 꿈이었고 지금은 현실이다 이제는 하늘이 희망의 상징이 아니라 실존이 문제이다 흘러가는 뭉게구름이 나를 유혹하고 바람은 부채질하고 나는 지금 저 하늘로 오르고 있다 그리움의 사다리를 타고 이 순간 나는 저 하늘의 품에 안겨 있고 하늘은 내 마음속에 머물고 있다 나는 이곳에서 우주를 순회하고 순간 속에서 영원을 거닐며 천국을 건설하고 있다 내 마음속에 '살아서 가는 천국'을!

'하늘 길'

– 제주도행 비행기에서

창 밖에는 비 쏟아지는 소리
천둥 번개 치는 소리
광란의 오케스트라 연주되고
기체는 그 음악에 몸을 맡기고
트위스트 춤을 추고

창문을 살그머니 열고
하늘무대 훔쳐보니
검은 먹구름으로 분장하고
번개 칠 때마다
불기둥 솟아오르고

죽음에 대한 두려움
머릿속을 스쳐 가는데
한 편의 시네마스코프처럼
눈앞을 스쳐가는
이 작품의 연출자는 누구인가

기체가 잔잔해진 후 다시 내다보니
구름과 구름 사이에
빈 공간이 열려 있고
비행기는 그 사이로
운항하고 있지 아니한가

아! 하늘에도 '길'이 있구나

저 새처럼
- 사량도에서

저 푸른 하늘 날고 싶어라
바람의 가슴에 안겨
구름의 날개를 펴고

바다를 건너
세파를 넘어
날고 싶어라

저 새처럼

푸른 하늘가에
소망을 걸어놓고
영원히 날고 싶어라

나의 날개에
너를 얹고
하늘 높이 날고 싶어라

저 새처럼

바람이 불면

- 대청도에서

바람이 섬을 건너가니
구름이 둥실둥실 흐르고
파도는 덩달아 춤을 추고
나뭇가지들이 온몸을 흔들고

내 걸음도 흔들리고
내 마음도 흔들리고
시간도 흔들리며 지나가고
인생도 흔들리며 건너가고

흔들림 속에 생명이 있고
흔들림 속에 사연이 있고
내 인생도 세파를 넘어서
흔들리며 지나가고

바람이 불어서 섬까지 왔고
바람에 실려 그대 오기를
바람 타고 천국 거닐기를

소망하며 걷는 바닷길

인생은 바람이어라
흔들림이 그 본질이고
모든 걸 스쳐 가고
지나고 나면 돌아오지 않는

구름처럼

- 지심도에서

구름처럼 살고 싶어라

모든 짐 내려놓고
정처 없이
하늘을 떠돌고 있는

저 자유함

바람 타고 내려와
거침없이
산 위를 거닐고 있는

저 행복감

산과 바다와
경계 없이
어울려 유희하는

저 친화성

비가 되어 내리면서
보상 없이
생명을 키워주는

저 희생성

바람 부는 대로 흐르다가
푸른 하늘만 남겨놓고
유유히 사라지는

저 아름다운 이별

저 무대 위에서
그리움의 날개를 펴고
하늘을 비상하는

저 그리움

구름 쳐다보고
파도소리 들으며
바닷가 걷고 있는

지금 나는 구름이다

초승달

– 신도에서

하늘바다에서
어둠을 지렛대로
노 저어가는
조그만 배 한 척

소녀처럼 수줍음 머금고
구름과 숨바꼭질하면서
어두운 바다
얼굴 붉히며 건너가고 있다

어두움이 가로막아도
가는 길 막지 못하고
구름파도 출렁대도
가는 길 방해 못하고

시간의 수레바퀴 굴리며
보름달 목적지를 향하여

어둠 속에서 홀로 빛난다
연약해 보이지만 풍만하고
사람들에게 희망을 주고
내일을 향하여 노 저어 가며

오늘도 초승달처럼
세상을 건너가는 내 발길

저처럼

- 남이섬을 거닐며

무슨 사연 있길래
종종걸음으로 내려오는가

저처럼

누구를 진정 사모하길래
간절한 모습으로 다가오는가

저처럼

얼마나 그리움에 사무치길래
옷도 못 걸치고 대시하고 있는가

저처럼

서러움이 얼마나 쌓였길래
눈물을 마구 쏟아내고 있는가

저처럼

얼마나 마음이 다급했으면
메마른 대지 위로 곤두박질치는가

저처럼

소낙비는 내리고

- 독서여행

바닷가 카페에 앉아
유리창 두드리는 빗소리 듣고
가끔씩 파도를 넘겨다보면서
커피를 마시며 책장을 넘긴다

예고 없이 쏟아지는 소낙비
그 자체가 생명이고
그 자체가 예술이고
그 자체가 시이므로

다른 세계로 나를 인도하고

눈은 책 속을 거닐지만
마음은 빗속을 누비는
섬에서 하는 독서여행

가슴은 비에 젖어 내리고

두뇌 스트레칭하면서
가슴은 뛰놀지만
인생의 지혜를 얻으며
즐거움을 마음껏 누리는

바닷가 빗속 여행

책 속에서 흐르는 내 마음
촉촉이 적셔 주면서
더 깊은 공감을 이끌어내고
그리움도 흠뻑 적셔 주고

거센 소나기가
한 바탕 지나간 후
푸른 하늘처럼
내 마음도 푸르게 피어나는

바닷가 독서여행

커피 잔 속에서
한껏 출렁거리는

내 마음
내 여행
내 인생

첫눈

- 홍도에서

때마침 내리는 첫눈
아름다운 추억으로
순결한 사랑으로
간절한 그리움으로

내 가슴속으로 사뿐사뿐

바람 타고 어지럽게
허공을 맴돌면서 내려오는
눈발 사이로
저 멀리 아련하게

그대 모습 떠오르고

속삭이듯 살금살금 내려오며
이승으로 건너오는
그대 음성에서
못내 건네지 못한 사연들

허공을 더듬고 있고

세상을 순백으로 물들이는
성스러운 작업
가슴속으로 스며들어
옛사랑의 흔적까지도

하얗게 물들이고

나도 첫눈으로 내리면서
영원한 사랑으로
그대 가슴속에 스며들고 싶다
미완의 여백을 메우기 위해

언제나 섬에서
첫눈을 기다리는
내 마음
나의 인생

안개 낀 섬

- 대이작도의 아침풍경

(잔뜩 찌푸린 날씨에 안개가 살짝 덮고 있는 섬

구름이 산을 타고 내려와 산속을 헤엄치고 다니다가

삽시간에 사라져 버린다)

외로움은 구름 타고 떠돌고

그리움은 안개 속에서 헤매고

바라보는 나그네 마음

저 율동 속을 방랑하고

섬은 세상

안개는 인생

둘이 펼치고 있는 단막극

바람이 연출하고

아! 사랑이

아! 행복이

아! 인생이

아! 세상이

안개 커튼 뒤에 숨어 있네
그 속에서 흔들리고 있네
그 속에서 벗어나기 위해
몸부림치고 있네

공연시간은 짧지만
누구나 인생무대 위에서
외로운 주연이 되어
저 모습 실연하고 있나니

망망한 허공 속을 거닐며
공허함을 가슴속에 품고
순간순간에 매달려
구원을 찾아가는

우리들의 모습
우리들의 소망

바다에는 파도가 4

바다에서
- 보길도 가는 길

파도치지 않는 바다
어디 있는가
파도와 씨름하며
배는 앞으로 나아가고

바람 불지 않는 바다
어디 있는가
바람의 저항 받으며
배는 전진해 가는 법

파도치지 않는 세상
언제 있었는가
세파와 싸워가며
인생은 헤엄쳐가고

바람 불지 않는 세상
언제 있었는가
바람의 저항 이겨내며

인생은 발전하는 법

자연 속에서 살아가는 지혜
자연의 순리를 따라야 하듯
세파를 극복하는 길은
세상의 이치에 순응하는 것

수평선 바라보며 가는 뱃길
희망이 유인하고
나를 만나기 위해 가는 길
소망이 안내하고

세상 살아가는 지혜
바다에서 배우면서
인생길 노 저어가며
다시 태어나는 나

바다의 측량
- 가파도 가는 길에서

바다의 깊이
측량할 수 있는
자는 있는가

바다의 넓이
잴 수 있는
줄은 있는가

바다의 분노
담을 수 있는
항아리는 있는가

파도소리
전할 수 있는
오디오는 있는가

바다의 속성
담을 수 있는 건

오직 마음뿐

바다의 풍경
그릴 수 있는 건
오직 가슴뿐

바다를 건너가며
- 금오도 가는 길

눈 감고 바다를 상상해 보라
사고의 폭이 넓어질 테니까

바다 저 멀리 수평선을 바라보라
항상 그리움이 유혹할 테니까

바다를 가슴으로 느껴보라
가슴이 늘 출렁대고 있을 테니까

바다를 마음으로 품어보라
모든 걸 항상 포용할 수 있을 테니까

파도소리를 집중해서 들어보라
모든 걱정거리가 사라질 테니까

바다는 학교
파도는 선생

파도의 설교 들으면서
자연의 섭리 깨닫게 되고

바다를 노 저어가면
인생의 길이 보이고

섬으로 가는 뱃길에서
온몸으로 느끼는 바다

바다에서 다시 태어나는 나
파도소리에 새삼 해방된 나

아침바다

- 자월도에서

어둠을 뚫고 나와 얼굴을 드러내기 시작한 아침바다 알몸으로 누워 있다 아침바다는 생동하는 한 편의 시다 아침바다는 살아 있는 한 편의 다큐멘터리이다 아직 잠이 덜 깬 듯 여명에 밀려가는 어두움 바다 이곳저곳에 남아 있고 갯벌에는 어제의 흔적들이 질펀하게 머물고 있다 그 속에 담겨 있는 스토리가 삶의 냄새를 물씬 풍긴다 밤새 혼자 지내느라 외로웠는지 맨 얼굴에는 눈물이 듬성듬성 묻어 있고 텅 빈 가슴에는 쓸쓸함이 흠뻑 담겨 있다 아직 밀물이 들어오지 않은 텅 빈 바다는 동양화처럼 담백한 모습으로 신비한 분위기를 연출하고 갈매기가 느닷없이 입장을 하니 아침무대는 생기를 얻고 바쁘게 돌아가기 시작한다 밀물과 썰물: 바다의 두 얼굴이 교대하는 순간이다 한 남성이 망태기를 걸머지고 갯벌을 가로질러 바닷물이 들어오는 곳까지 걸어서 간다 바다 생명체들의 서식지요 어민들의 삶의 터전인 갯벌: 이곳에서는 아침바다의 주인공이다 바다에서 그는 삶을 건져 올리고 있다 내 눈은 바다를 끌어당기고 내 가슴은 바다를 삼킨다 사진이 찍힌 곳은 사진기가 아니라 내 가슴속이다 나는 외로울 때면 그 사진 다시 꺼내보며 내 마음은 바닷가를 거닌다 그때의 아침바다를 상상하면서

바닷가 구름
- 선유도 바닷가에서

바닷바람에 취한 듯
푸른 하늘무대 위에서
여러 모습으로 몸짓하며
메시지 전하는 저 구름

그 주제는
자유다
평화다
행복이다

내 마음은 구름처럼
하늘무대에서 뛰놀고
내 가슴은 파도처럼
바다에서 출렁거리고

모래사장 걷고 있는 지금
마음속에는 평화가 깃들고
바람 속을 거닐며

행복을 딛고 건너가는 해변 길

나의 해방공간이다

구름의 행위예술 쳐다보고
오늘을 가볍게 건너가며
나만의 천국을 건설하는
지금 이곳

나는 천국을 걷고 있다

해안산책로

- 승봉도 해변을 걸으며

망망한 바다를 껴안고
바다 위에 떠 있는 산책로
파도가 밀려드는 해변 따라
하늘 쳐다보며 길게 뻗어 있는

바다는 섬을 낳아
이곳저곳에 거느리고 살고
배들은 그 사이를 운항하며
사연을 실어 나르고

새들은 하늘 향해 솟아 있는
돌 위에 앉아
파도와 함께 놀면서
자연에 생동감 불어넣고

바다에서 전개되는 모든 풍경
분주하게 바라보며 사색하고
사진 찍으며 걷고 있는 나

지금은 이곳에 없다

내 마음은 구름과 함께 흐르고
내 가슴은 파도 위에서 뛰놀고
내 발길은 바람 타고 달려가고
내 시간은 저 멀리 바다를 건너가고

"나는 누구인가
왜 여기에서 걷고 있는가"

질문을 밟으며
몽롱한 상태로
바닷길 걷고 있는
저녁 무렵 바닷가

일몰을 바라보며

바다낚시

- 자월도에서

멀리 섬에 와서
바닷가에서 홀로
낚시질하는 나

외로움은 낚시 밥이 되고
그리움으로 안주를 삼고
추억으로 양념을 해서

인생이란 술을 마시며

세상의 짐 다 내려놓고
자신을 망각하고
좌선하면서 오늘을 건너가는

지금 이 순간

출렁이는 바다에서
낚싯대를 던져

건져 올리는 것은

인생이다
시간이다

아니, 살아서 가는 천국이다

모래 위에 쓴 시

- 연홍도에서

바닷가에서 저녁 햇살 붙들고
바다의 교향곡 들으며
못 다한 사연
모래 위에 새긴다
고독의 붓으로

'사랑했노라'

아름다우면서도 짧았던 사연
지나가는 바람에 흔들리고
거친 파도소리에 흐느끼고
석양 받으며 쓸쓸하게 빛나는

바람 불면 흐트러지고
파도치면 휩쓸려 나갈
저 절규
마지막 추억을 새긴다
마지막 음성을 담는다

무정한 바람과 파도
내 마음마저 쓸고 지나가니
남는 것은 허공뿐
그곳에 매달려있는 공허감

그 마음은 시간 속에서
흐트러지지 말고
영원히 살아남기를
기원한다

'아름다운 추억'으로

등대

- 어청도에서

땅 끝과 바다의 시작
헤어질 수 없는 만남과
함께할 수 없는 이별인
부조리한 지점에

외롭게 서 있는 등대

누구를 그토록
애타게 기다리고 있는가
섬 끝에 홀로 서서
바다만 바라보며

애절하게 유혹하고

무슨 까닭 있어서
간절하게 기다리고 있는가
뜨거운 햇볕 아래서
날이면 날마다

가슴 태워가며

무슨 사연 있길래
처절하게 기다리고 있는가
온 몸으로 비 맞으며
밤이면 밤마다

마음 적셔가며

아무런 소식도 없는데
애타게 기다리고 있는가
우렁찬 파도소리에
가슴 졸이고

마음 설레이며

오늘도 부처처럼 앉아서
소식만 간절하게 기다리며
무거운 침묵으로
소망을 노래하는

그대는 '고도'*인가

나를 닮은

* 베케트의 소설 〈고도를 기다리며〉의 주인공 이름.

남대문바위

- 승봉도에서

남대문처럼 생긴 바위
섬을 지키는 파수꾼
산 끝에 매달려 바닷가에 우뚝 서 있네
파도에 깎이고 비바람에 씻겨
아치 형상에 구멍이 난 모습으로
바다와 산이 소통하는 자연의 관문
사람들의 소망이 드나들고
인생의 허무함도 넘나들고
사람들의 안경이 되어
바다를 볼 수 있고
상상력을 넓혀주고
우주로 통하는 상상력의 관문
머리에 둥지를 튼 소나무
절망을 이겨내며
강인한 생명력을 보여주고
파도가 드나들며
자연을 출렁이게 만드는 남대문바위
풍화작용과 시간의 흐름

보이지 않는 손길들로 만들어진
거대한 자연의 합작품
아름다운 풍경 이루며
사람들을 유인하고
섬의 역사를 간직하고 있는
이 작품의 작가는 누구인가
그 문을 지나면서 묻지만
아무런 대답이 없고
파도소리만 귓가를 스쳐갈 뿐
바닷바람 맞으며
먼 육지만 바라보고
홀로 서 있는 남대문바위

조약돌

– 사도 해변에서

바닷가 모래사장
조약돌 하나
밤낮으로 파도와 씨름하며
외롭게 정좌(靜坐)하고 있다

좌불상처럼

낮에는 햇볕에 얼굴 태우며
수평선만 바라보고
밤에는 파도소리 들으며
누구를 기다리고 있는가

등대처럼

파도에 안 휩쓸려 가려고
안간힘을 쓰며
입으로는 염불만 하고
가슴에는 그리움만 키워가는

석불상처럼

아무것도 탐하지 않는 조약돌
내려다보고 있는 순간
나도 조약돌이 된다
오로지 시간만 낚시질하는

강태공처럼

그날 밤 바닷가에서
한 마리 새가 되어
외로움과 그리움 두 날개를 펴고
시간의 바다를 건너가던 나

조약돌처럼

발자국

- 사승봉도에서

무인도 바닷가에서
인적 없는 모래사장 거닐며
대책 없이 찍어놓은
긴 발자국 행렬

바다를 바라보며
꼿꼿이 걸어왔지만
비틀비틀하게 찍혀 있는
나의 발자국

내 인생의 뒤안길처럼

저 발자국 속에
나의 과거가 숨어 있고
저 형상 위에
나의 행적이 남아 있고

'인간은 노력하는 한 방황하는 것이다'*

바람이 지나치면 흐트러지고

비가 내리면 뭉개지고
파도가 들어오면 휩쓸어 가고
사람들이 짓밟으면 사라질

그 생명은 순간
그 혼적은 잠깐

내가 걸어온 흔적
나를 돌아보는 거울
인생의 교훈으로
내 마음속에 영원히 새겨져 있을

나의 발자국

* 괴테의 '파우스트'를 흐르고 있는 주제임.

5
섬을 거닐며

섬에 가서 걸으면

- 자월도에서

푸른 하늘 쳐다보고
바람소리 들으며
산을 오르면
푸르른 나무처럼

나도 산이 된다

산 정상에 올라
높은 하늘 바라보고
구름 따라 흐르면
희망으로 떠 있는

나도 하늘이 된다

구름 쳐다보고
파도소리 들으며
바닷가 거닐면
가슴 뛰게 만드는

나도 바다가 된다

영혼의 눈이 트이면
자연의 모든 것
내 가슴속으로 들어오고
마법사처럼

나도 자연이 된다

모든 짐 내려놓고
마음도 비우고
섬을 거닐면
인생을 가볍게 건너가는

나도 바람이 된다

나는 섬을 마시고
섬은 나를 삼키니
섬과 나는 하나가 되어
하늘을 날고

지금 이곳에 나는 없다

길 위에서

- 자월도 바닷가

길 위에 길이 있다

섬에서 자연과 소통하며 걸으니
들리는 자연의 음성

'자연의 섭리'

구름 쳐다보고 바닷가 걸으니
길 위에서 떠오르는

'인간이 가야할 길'

영의 눈 트이니
길 위에 길이 보이네

그 길 위에서 나를 만나며
오늘을 건너가고 있다

이곳은 해방공간

나는 자유인

나그네길

- 보길도에서

호젓한 바닷가
어둠이 깔린 길
외로움과 함께 걷는

나그네

구름 뚫고 나온
별 하나 바라보며
그리움 찾아 헤매는

내 마음

흘러가는 구름 따라
적막을 깨면서
어둠을 헤치고 가는

내 발길

준엄한 자연에
귀 기울이며
대화를 나누는

내 모습

걸을수록
자연과 동화되며
다시 태어나는

내 영혼

춤의 세계

- 장고도에서

하늘에서는
구름이 춤추고

바다에서는
파도가 춤추고

저 멀리서
섬들이 춤추고

더 멀리서
수평선이 춤추고

배들도
춤추고 지나가고

춤바람이 났다
바다 위에 모든 것들은

바닷길 걷고 있는
내 발걸음도 춤을 추고

춤을 추며 하나가 되는 자연
기쁨으로 충만한 자연

세상아! 춤을 추어라
손에 손 잡고

'혼자라는 것'

- 사승봉도에서

섬에 가서 혼자 거닐며
오늘을 건너가고 있다

섬을 거닐며 나를 만나고
자연과 소통하고
자연의 치유를 받고
자연의 이법을 깨달으니

섬에서는 혼자인 것이
고독이 아니야
고독한 것은 내 안에
내가 없기 때문이야

혼자서 거닐면
섬은 오롯이 나만의 것이고
혼자여서 결코 외롭지 않아
혼자여서 정말 행복해

인생은 어차피 혼자라는 것을
온몸으로 실천하며
섬에서 걸으며 나를 만나는
섬 여행

그곳에서 다시 태어나는 나

섬에 가면

- 내가 신이다

그리움이 손짓하면
섬으로 달려가는 나

저 높이 떠 있는 푸른 하늘
흘러가며 손짓하는 흰 구름
파도소리에 발맞춰 걷는 바닷가

과거는 관광지
지금은 학습장소

바닷가 거닐면
구름이 안내를 하고
파도가 힐링을 하고

다른 나를 만나며

마음으로는
자연과 대화를 나누고

머리로는
우주여행을 하고

가슴으로는
신의 영역을 넘나드는

이곳은 해방공간

지금 이곳에서는
내가 왕이다
내가 신이다

순간에서 영원을 붙잡고
존재에 의미를 입히면서

오늘을 건너가는 나

섬을 거닐며

자연의 음성

- 승봉도에서

섬에서 혼자 걸으면
가슴속으로 스며드는
자연의 음성
마음 문 열고 들으니

파도 출렁이는 소리
바람 스쳐가는 소리
빗물 내리는 소리
나뭇잎 흔들리는 소리

귀로 들을 수 있는
소리만이 아니라

별들이 출렁이는 소리
구름이 흐르는 소리
나무가 숨 쉬는 소리
자연의 합창소리

시간이 지나가는 소리도

영혼의 문이 열리면
들리는 소리

모든 소리는
자기 소리를 내지만
모든 소리가 모여
신비스런 소리로 하나가 되는

자연의 섭리
우주의 비밀
신의 목소리

가슴속으로 스며드니
모든 음성 들리고
인간의 길 보이고
그 의미를 알 것 같은

통역이 필요하지 않다
자연의 음성과 나 사이에는

"내 귀가 나를 가르쳤다"*

모든 소리가 다 진리이고
모든 소리가 다 철학이고
자연의 음성에 귀기울일 때
인생길 열릴 것이니

귀 트인 자 복 있으라

*   징기스칸

출렁다리
- 대이작도에서

산허리에 매달려 있는 출렁다리
정상에 오르기 위해 건너가니
발걸음 옮길 때마다 흔들리며
다리는 출렁출렁
출렁이는 것이 어디 출렁다리뿐이랴
건너가는 내 가슴도 출렁출렁
산 정상에 올라서니
하늘도 내려와서 뿌옇게 출렁출렁
바다도 섬 밖에서 하얗게 출렁출렁
첫사랑보다 더 출렁거리는 자연
출렁이는 사이사이로 들여다보이는
자연의 속성
출렁일 때마다 가슴속으로 스며드는
자연의 비밀
출렁이는 모습 바라보며 흐르는
시간도 출렁출렁
발걸음마다 출렁이는
나의 여행

나의 인생
출렁이며 건너가리라
오늘을
출렁이며 행복하리라
남은 날들을
출렁이다 돌아가리라
저 세상으로
내 가슴도 걸으면서
출렁출렁

산책

- 대청도에서

오늘도 구름 쳐다보고
파도소리 들으면서
바닷가를 걷는다
바람과 동행하며

나를 만나러 가는 길

자연의 순리
온몸으로 깨닫고
존재의 의미
가슴으로 곱씹으며

길 위에서 사색을 하며
새로운 내가 되고
걸으면서 스토리를 만들며
작품을 구상하고

나만으로 충만한 창조의 시간

나만으로 가득한 창조의 공간

지금 걷고 있는 이곳
천국이요
지금 걷고 있는 이 길
구원으로 가는 길이니

바닷가 걸으면서
자연과 소통을 하고
내 속으로 침잠하면서
종국적인 목적지는

'나 자신에게 도달하는 것'

나의 실존을 확인하며
길 위에서 얻은 결론은

'나는 걷는다
고로 나는 존재한다.'

사진 찍으며 걷는 '길'

- 지심도에서

구름 쳐다보며 걷는
산속 오솔길
사진 찍고
자연과 소통하며

무덤덤하게 지나치던
자연의 모습
사진 찍으며 바라보는
자연의 아름다움

저 푸른 잡초에도
생명이 뛰놀고 있고
저 작은 바위에도
시간이 숨 쉬고 있고

모든 것이 각자의 모습으로
이곳저곳에 존재하며
전체로서 조화를 이루고 있는

살아있는 대자연

내가 지금 찍고 있는 것은
자연의 겉모습이 아니라
가슴으로 느끼는 의미
모든 것들의 존재의 가치

아직까지 몰랐던 비밀이다

'모든 존재는 아름답고
나름대로 의미가 있다'

혼자서 걷고 있는 이 길
결코 혼자가 아닌 이 길

섬에서 사진 찍고
자연 속을 걸으면서
다시 태어나는 나

'존재의 가치'를 깨달으며

느림 우체통

- 청산도에서

바닷가 돌산 아래
홀로 서 있는 빨간 우체통
바닷바람 맞으며

외롭게 기다리느라
그리움에 온 몸이
붉게 달아오른 채

수평선만 바라보고 서 있다

파도가 위로해주고
바람이 달래주지만
이용하는 사람 거의 없으니

홀로 외로움 마시고
때로는 눈물 흘리며
소식을 기다리고

무거운 짐 내려놓고
홀로 바위에 걸터앉아
파도소리 들으며

나에게 편지를 쓴다

내 마음도 빨간 우체통이 되고
자연이 전하는 기쁜 소식
기록으로 남기고 싶은 내 마음

일 년이 넘어야 배달된다는 편지
구름에 실려 가는지
바람에 날려 가는지

느리면 어떠랴
자연이 전하는 교훈
전하면 되지

느림의 미학이 지배하는 섬

나도 느린 걸음으로
이 세상을 건너가고 싶다
못다 한 소망 더 이루면서

저 느림 우체통처럼

'무인도'의 추억
- 사승봉도에서

무인도에 와서 파도소리 들으며
모래사장 걸으니
떠오르는 옛 추억

오래 전에 아내와 나 사이에 오간 대화

"나라가 엉망진창이 돼가고 있는데
대통령감이 안 보이니
당신이 대통령 한 번 해야겠소"

"그럼 좋아요 조건이 하나 있는데
무인도 하나 사 주면
그곳에 가서 대통령 한 번 해보지"

자연과 소통하며 걷고 있는
지금 이 순간 이곳에서는
내가 주연이다

대통령보다 더 높고
대통령보다 더 세고
대통령보다 더 행복한

모래사장을 거닐고
하루를 건너가며
무관의 기쁨을 누리는

무인도 바닷가

섬사람들이 가는 길 6

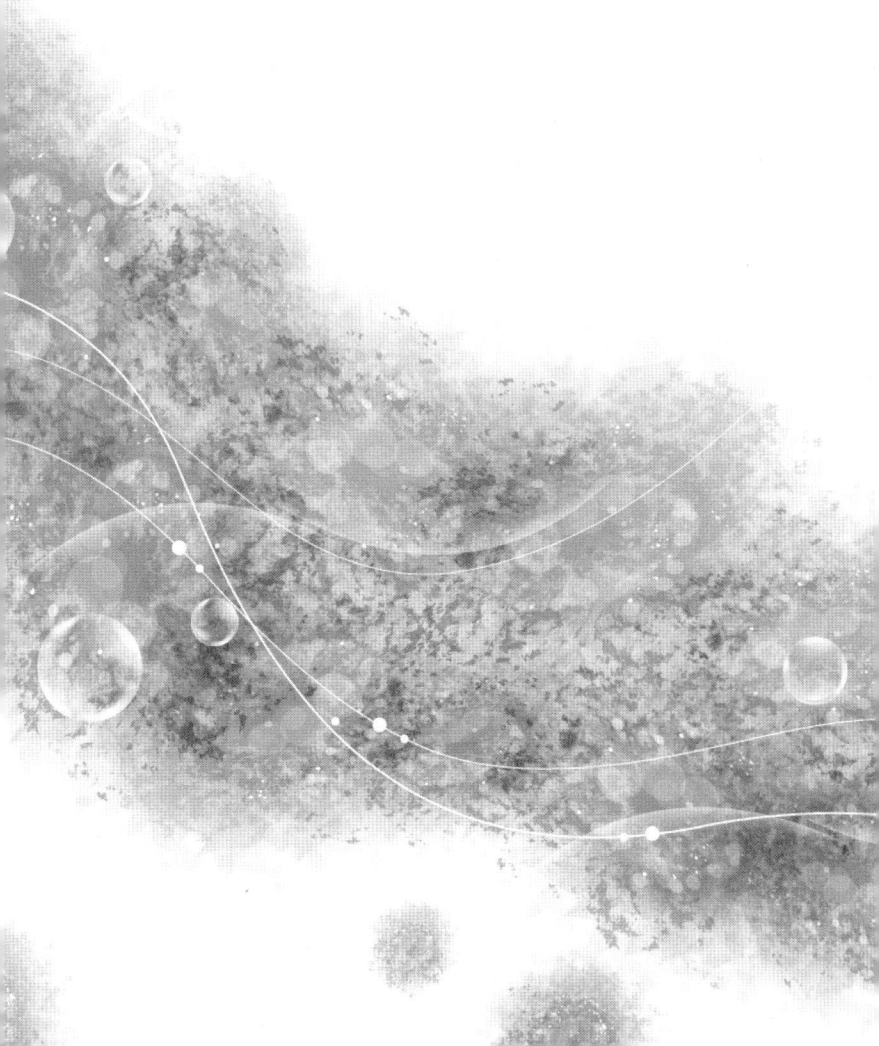

구름처럼 바람처럼
- 세파를 건너가며

흘러가는 구름처럼
스쳐가는 바람처럼

마음 비우고
손을 비우고
가볍게 흐르며

머물지 않고
남기지 않고
미련도 없이

오늘을 건너가는
섬사람들

섬을 거닐며
보고 배우는

내 발길

인생도 파도처럼
- 승봉도 바닷가에서

들어왔다가 나가고
나갔다가 들어오고

높이 떠오르다가
잔잔하게 흐르다가

파도는 인생처럼
인생은 파도처럼

시간을 삼키면서
공간을 넘나들며

그리움으로 흐느끼고
외로움으로 소리치고

그 속에서 파도가 치고
그 속에서 인생은 흐르고

파도처럼 만났다가
파도처럼 헤어지는

너와 나

자연의 속성
인간의 생리

달아나라 고독 속으로

- 가거도에서

홀로 왔다가 홀로 가는
실존적 존재로서의 인간
인간은 누구나 혼자이고
외로움은 또 다른 나

온몸으로 느끼며 걷는 바닷가
자연 속으로 들어가
자연과 소통하며 걸으면
결코 혼자가 아니니

원초적 고독은 인간의 숙명
살아있다는 증거이고
"살아간다는 것은
외로움을 견디는 일이다"*

"고독은 즐기면 행복이 되고
괴로워하면 불행이 된다"**

"달아나라 그대의 고독 속으로"***

구원으로 가는 길
그곳에 있나니

* 쇼펜하우어
** 윤명선, 〈행복의 향연〉
*** 니체

'누린다는 것'

- 자월도를 건너가며

어느 해 여름 인천 앞바다에 둥실둥실 떠있는 자월도로 여행을 떠났다 붉은 달이 수놓는 섬이라고 해서 자월도(紫月島)라고 불리는 섬 특별하게 볼거리가 없는 조용한 섬이다 바다를 바라보는 맛을 누리기 위해 섬과 섬을 잇는 구름다리로 향한다 산이 언덕을 따라 길을 내주고 하늘이 고개 위에서 손짓을 한다 조그마한 마을을 가로질러 나지막한 산길을 올라 정상에서 뒤를 돌아본다 바다 위에서 유람하고 있는 푸른 하늘 수평선을 두르고 있는 푸른 바다 집들이 옹기종기 모여 있는 그림 같은 조그만 마을 이들이 자연의 삼위일체를 이루고 있다 영화 속의 한 장면처럼 내 망막을 스쳐가는 한 폭의 산수화 같은 섬마을 바람이 가슴속으로 파고드니 마음까지 시원해지고 그래 자연은 이처럼 누리면 되는 것이다 저 하늘을 보라 아무것도 소유하지 않으니 더 높고 넓게 떠 있지 않은가 그래서 하늘은 더 풍성하고 아름답게 보이는 것이다 행복은 소유가 아니라 향유에서 온다는 사실을 깨닫는 순간 뼛속까지 행복의 피가 흐른다 서너 평밖에 안 되는 마구간보다 작은 조그만 섬과 연결된 구름다리에서 저 높이 푸른 하늘 쳐다보니 희망이 새삼스레 솟구치고 저 멀리 수평선 바라보니 그리움이 다가오고 파도소리 귓속으로 밀려드니 내 가슴도 뛰고 시원한 바람 소리 음악처럼 들려오니 세상의 모든 번뇌 사라지고 지금 내 마음은 '멍'할 뿐 자연의 분위기에 취하여 아무것도 표현할 수 없다 이 섬에 내 것은 아무것도 없다 그러나 모든 것을 누리며 걷고 있다 행복을 밟고 걷는 지금 이 순간 이곳이 바로 천국이다 지금 나는 천국을 걷고 있다

보헤미안

- 사승봉도에서

구름 쳐다보고 걸으며
하염없이 흘러온 나
집 없이 떠도는 길손처럼
바람이 이끄는 대로

저 구름처럼

젊은 날 읽은 괴테의 파우스트
인생의 좌표로 삼고
말년에는 파우스트와 같은 작품
남기고 싶다고 다짐하면서

파도가 일렁이는 바닷가에서
걸어온 길 돌아보니
발자국이 남긴 흔적
꼬불꼬불하기만 하고

'인간은 노력하는 한 방황하는 것이다'*

구름보다 더 높게
하늘을 비상하려고
세상을 이곳저곳 떠돌다가
마침내 도달한 곳

지금 이곳 바로 나

구름은 하늘바다 떠도는
낭만적 보헤미안
인생은 세상길 헤매는
미망의 보헤미안

찾아가는 최종 목적지는
無(무)의 세계
그곳으로 가기 위해
오늘도 바닷가를 거닐고 있다

어지럽게 발자국 찍어가면서

총각 선생님
– 대이작도에서

(대이작도 계남마을에서 수루에 앉아 옛 초등학교 건물을
바라보며 추억을 상기시키고 있는 바닷가에서)

"해당화 피고 지는 섬마을에
철새 따라 온 총각 선생님
19살 섬 색시가 순정을 바쳐
사랑한 그 이름은 총각 선생님"

바닷가 산기슭에
형해만 남아있는
옛 학교 건물
시간을 삼키며 서 있네

영화 '총각 선생님' 영상
머리속을 스쳐가고
주제곡인 '총각 선생님'
그 리듬 귓가에서 흐르고

조용한 바닷가에서 맺어진
청순한 사랑

하늘이 축복하고
바다가 박수 치던

순수한 사랑만 있을 뿐
시간이 흐르고
세상이 바뀌어도
청순한 사랑은 영원한 것

꼬마들이 깔깔거리며 내다보던
창문으로는 찬바람만 드나들고
지금은 폐교가 되어
허허롭게 서 있는 건물

추억을 노래하는 파도소리는
쓸쓸하게만 들리고
시간을 쌓고 있는 흔적에는
그림자만 어른거리고

옛 추억으로 돌아간 나
사랑의 감성을 캐내고 있다
메마른 가슴속에서
출렁거리는 파도소리 들으며

수루에 혼자 앉아서

거북이

– 소악도에서

거북이는 모래사장을 건너가고 있다
자신이 세상의 중심인 줄 알고

바닷가 모래사장
넓디넓은 사파(砂波)를
홀로 건너가고 있는
저 거북이

하늘을 머리에 이고
바다를 등에 지고
파도와 씨름하며
대 자연 속을

바다의 주인이다
생명이 자산이고
자연이 삶터이고

외롭고 힘들게

삶의 현장
건너가고 있는
저 거북이

우리는 누구나 거북이다
섬은 세상의 중심에 있고
자신이 섬의 중심이라고 믿는

세파를 건너가며
구원을 추구하는
저 거북이

바지락 줍는 여인들

– 승봉도에서

바닷가 갯벌에서 파도소리 들으며
바지락 줍는 여인들
서울에서 온 사람들이다
자연의 품속에서 자연을 음미하며
스스로 자연이 되어
즐거움을 건지고 있다
추억을 만들고 있다
시간을 낚시질하고 있다
도시에서 상처 받은 마음
바람에 날려 보내며
떠도는 구름 쳐다보며
인생을 노래하고
부드러운 손짓으로 생명을 건져 올리는
평화스러운 모습
섬 풍경을 장식하고 있다
울긋불긋한 색깔로 생동감 주며
섬이 인간에게 선물하는 건
풍경이 아니라 시간이었다

영원을 향하여 춤추는 순간순간들
인생이란 앨범 장식할 추억을 만들고
그곳에서 건진 건
행복이었다
그곳에서 찾은 건
'인생, 길'이었다
파도소리 듣고
함께 노래 부르며

비움의 지혜
- 장자의 빈 배 이야기

섬에서 무거운 짐 내려놓고
파도소리 들으며 걸으니
눈에는 자연이 가득하고
마음에는 행복이 가득하고

비로소 깨닫는 것

"인생도 될 수 있으면 가벼운 것이 좋다"*

인생이란 강을 타고 흘러가는 조각배
배를 비우면 가볍게 흘러가는 것처럼
인생도 무거운 짐 내려놓고 걸으면
세상을 가볍게 건너갈 수 있다는 것

"무겁게 채우는 것은 탐욕
비움은 무심(無心)
채우는 자는 그 채움에 매이고
비우는 자는 비움으로 인해 자유로워지니"**

바닷가 거닐면서 온몸으로 느낀다
마음 비우고 걸으니
인생이 가벼워지고
행복하지 못한 이유는
버리지 못한 '욕망' 때문이란 걸

주어진 대로 살아가는
섬사람들의 비움의 지혜
가볍게 흘러가는 섬사람들을 보고
나도 그 길을 걷고 있다

지금 이곳에서

* 프렘
** 장자의 '빈 배 이야기'.

꿈속 부자

나는 부자다
저축통장에 8억 원이 찍혀있는

로또 1등 당첨금은 8억 원
이게 웬 횡재인가
사람들이 몰려들자 잠에서 깨어났다

꿈이었다

다음날 아침 내자에게 넌지시 말을 건네니
복권 한 장 사오란다
그러나 외면했다 그 명령을
당첨 안 되면 개꿈 될 테니까

당첨금은 꿈속 은행통장에 넣어 두고
만나는 사람마다 퍼준다
커피도 사고
밥도 사고

대화의 안주가 되니
인생이 풍요롭고
필요할 때면 아무 때나 인출해도
잔고는 그대로 남아 있고

나는 영원한 부자다
정신적 부자

잘못된 비교
- 사승봉도에서

들국화는 장미꽃을 부러워하지 않는다*

잘된 사람들과 비교하면서
항상 불만을 토로하니
불행할 수밖에 없는 한국 사람들

주관적 행복지수는 OECD국가 중 가장 낮고

"행복해지고 싶으면
자신보다 가난하고 못사는 사람과 비교하라
그러면 행상 행복할 수 있으니"**

행복은 자신에서 찾는 절대적 가치이다

진정한 행복은 자신의 자존감을 인정하고
자신만의 행복조건들을 받아들이면서
가진 것에 만족하며
일상을 즐기는 자의 것이니

뭍사람들과 비교하지 않고
자신만의 삶을 누리는 섬사람들
마음의 부자이고
행복한 사람들이다

자신을 사랑하는 사람이 가장 행복하다

*   화엄사상
** 헨리 멩켄의 말

자유가 숨 쉬는 곳

- 대이작도에서

수루(水樓)에 홀로 앉아
마음을 비우고
출렁이는 바다 내려다보며

온몸으로 느끼는 자유함

바람이 싣고 오는 메시지

"자유는 채움으로써가 아니라
비움으로써 얻어지는 것"*

바다 위를 날아다니는 저 새처럼

자유의 종점은 자신의 마음
욕망으로부터 해방되는 상태

이 명제 깨닫는 순간

마음의 상태는 무심(無心)
지금은 해탈(解脫)의 시간

이곳이 나의 해방공간이다
자유를 만끽하며
자연의 이법을 풀어보는

바람이 증인으로 스쳐가고
구름이 흐르면서 증언하고

* 에픽테토스의 말

7
봄에는 꽃이 피고

호랑나비
- 덕적도에서

봄을 배달하고 있는
호랑나비 한 마리

인적 없는 바닷가
산속 오솔길에서
팔랑팔랑 날개 짓 하면서
날렵한 몸짓으로
두 날개 위에 봄소식 싣고

나와 동행을 하면서

산속 울창한 나무들
솟아오르는 새싹
꽃나무들에 피어오르는
노랑 빨강 흰 꽃망울들

봄을 건축하고 있다

관객도 없는데
푸른 무대 위에서
계속되는 공연
주연은 나비
나는 엑스트라

저 하늘 높이 떠도는
그리움에 유혹되어
바다의 교향곡 들으며
나비와 함께 걷는 동안

나도 봄을 날고 있었다

하늘이 슬그머니 입장하니
무대는 천국으로 변하고
구름 쳐다보며 걷고 있는
내 발걸음은 천국을 거닐고 있다

이 섬에서 봄으로
다시 태어나는 나

'살아 있다는 것'
- 어청도에서

(이른 봄날 여행에 피곤한 몸 아침 일찍 일어나
창문을 열고 쳐다보니 한눈에 들어오는 산자락)

나는 오늘 다시 태어났다

앙상한 나뭇가지마다
푸릇푸릇한 새싹 솟아오르고
산 전체가 봄기운 타고
푸른 물결로 넘쳐흐르는

그 순간 가슴속으로
생명의 역동성 느껴지니
'아! 나도 살아있구나'
감동이 솟아오르고

생명은 얼마나 아름답고 고귀한가
그 자체로서 존재가치가 있는 것
처음으로 느끼는

깨달음 스쳐가니

살아 있다는 것은
최고의 축복
최상의 희열
최대의 선물

아침마다 산을 쳐다보고
살아 있다는 사실에 감사하며
오늘을 건너가니
하루하루가 행복하고

오늘은 신의 선물
오늘이 최고의 자산
오늘을 꽃 피우며
영생을 누리고 싶은

나는 오늘과 함께 거닐고 있다

'아름다움'이란?

- 남이섬 강변에서

(남이섬 둘레길에서 사진 찍으며 걸으니 강물 흐르는 소리에 내 영혼은 깨어나고 출렁이는 강물 보면서 내 마음도 출렁거리니 자연과 나 사이에 교감이 이루어지고 모든 풍경이 아름답게 보이는 순간이다)

'아름다움은 마음의 눈으로 보는 것'

섬에서 흘러나오는 물과 그 앞에 작은 돌이
보내는 간절한 메시지이다

'우리들도 예쁘지요?'

마음을 아름답게 가꾸는 것
미의 세계로 들어가는 길이니

강바람에 흔들리며
아름다움의 세계로 초대하는

저 물소리
저 돌 모습

다시 '봄'이!

– 관리도에서

'올해 어떻게 되셨나요?

(한 섬 여성이 넌지시 묻는다 나이깨나 들어 보이는
사람이 사진기 둘러메고 혼자 섬 여행을 하니까)

'2·8청춘입니다'

60년 주기로 돌고 도는 인생
한 바퀴 돌면 회갑
동양식 역법(曆法)에 따르면
born again한 나

다시 찾아온 봄
회춘!
살아서 맞는 윤회
그래! 내 인생은 지금부터야

푸른 하늘 쳐다보니
희망이 유혹하고
파도소리 들으니
가슴이 뛰고

자연과 교감하며
바닷가 걸으니
섬 기운이 스며들고

2·8청춘이 된 나

잡초

- 소이작도에서

산기슭 트레킹코스 따라
무리지어 서 있는
이름 모르는 풀들

누가 잡초라고 부르는가
쓸모없는 풀
이름 모른다고

풀이 바람에 실어 보내는
메시지가 들린다

"우리들도 아름답고
존재가치가 있다"

강인한 생명력 가지고
힘든 환경 이겨가며
인간에게 귀감이 되는

저 아름다운 생명
저 의미 있는 생명

사람들이 그 이름 모를지라도
그 존재는 의미가 있으니
그 이름을 불러주자

꽃의 아름다움
- 사승봉도에서

(깊은 산속 사람들이 다니지 않는 곳에 꽃 한 송이 피어
있다 그곳을 지나가는 나에게 꽃이 보내는 메시지다)

"꽃은 스스로 아름다운 거야"

쳐다보는 사람 없을지라도
예쁘다고 말하지 않더라도
스스로 빛을 발하면서

꽃에 담긴 메시지는

"사람도 스스로 아름다워야 한다는 것"

다른 사람의 눈을 의식하지 말고
다른 사람의 평판을 생각하지 말고

"모든 존재는 스스로 아름답고
나름대로 가치가 있다는 것"

이 메시지 전하기 위해
꽃은 이 세상에 오는가

흔들리며 자라는 꽃
- 남이섬 강변에서

강가에 홀로 서 있는 저 꽃나무
강물 흐르는 리듬에 발맞추고
바람결에 흔들리며 서 있네
비를 맞으며 몸을 적시고
장마철에는 물속에 잠기고
지나가는 길손
눈길도 주지 않아도
외로움 모르고 자라고 있네
강과 공존하면서
그 모습 연약해 보이지만
그 속에 담겨있는 생명의 강인함
홀로 서 있어서 더욱 아름답고
흔들리며 서 있으니 더 위대하고
외로움 잘 견디니 더 강인하고
모든 존재는 혼자라는 것
모든 존재는 흔들리며 자란다는
메시지 온몸으로 전하며
강물에 몸담고

돌 틈에 홀로 서 있네
내 인생처럼
강변길 걷고 있는 지금
내 발걸음도 흔들리고
지나가는 시간도 흔들리고
존재하는 모든 것이 흔들리고 있네
시간의 수레바퀴 위에서

꽃을 들여다보며
- 연화도에서

멀리서 꽃을 바라보면
다가오는

아름다움

가까이서 꽃을 들여다보면
솟아오르는

생명력

꽃술을 깊숙이 들여다보면
신비가 깃들어 있는

인고의 시간

코를 깊숙이 들이대면
진한 냄새가 진동하는

꽃향기

생명을 연장시키기 위해
벌이 찾아오기를 기다리는

그리움

세상을 아름답게 장식하다가
잠시 생명력 보여주고 떠나는

유한성

눈을 감고 들여다보면
환한 웃음으로 떠오르는

당신과의 추억

누구나 한 송이 꽃이다
가슴속에 꽃 피우는

목련

- 3일간의 관찰

봄을 새하얗게 물들이는
목련꽃의 화려한 행차
고작 3일간의 여행인가

혹독한 추위와 싸우며
인고의 세월 이겨내고
봄을 싣고 온 저 백색 천사

화무십일홍(花無十日紅)이라더니

그제는 흰 꽃 몽우리들
가지 위에
몽실몽실 달려 있더니

어제는 활짝 핀 꽃들
가지마다
벙글벙글 웃고 있다가

오늘은 시들은 꽃송이들
가지에
겨우겨우 매달려 있고

내일은 땅 위에
어지럽게 흩어져
뭉클뭉클 밟히고 있겠지

봄바람과 씨름하며
가지 위에 매달려
알몸으로 시위하는

목련꽃의 일생

미화박명(美花薄命)이런가

시간의 수레바퀴 타고
나무 위에서 행군하는
목련의 일생

자연계의 사신(使臣)

목련꽃의 삶 돌아보며
자연의 숨결 느끼니
인생도 목련 같구나

핑크빛 뮬리

- 장고도에서

넘실거리는 핑크빛 물결
푸른 하늘 바라보면서
사람들 눈초리 삼키고
가슴 흔들어가며
유혹하고 있는 그녀
핑크빛으로 가을을 물들이니
사람들 가슴도 핑크빛으로 변하고
스쳐가는 바람도 붉게 적시고 가고
사람들의 눈길
그녀의 몸매에 꽂혀 있고
요란한 셔터 소리
핑크빛 물결 위로 계속 흐르니
그곳에 핑크빛 사랑이 춤추고
그곳에 핑크빛 인생이 넘실거리고
그곳에 붉은 천국이 임하고 있다
뜨거운 가슴 식을 줄 모르고
사람들은 떠날 줄 모르고
질기기만 한 그녀의 유혹

나도 그 속으로 뛰어들어
핑크빛 사랑으로 서 있고 싶다
지나가는 바람에 뜨거워진 가슴 식히며
꽃밭 속에서 사진 찍고 있는 저 커플처럼
가을이 지나가는 길목에서
순간을 붙잡고 영원을 향하여
모든 걸 물들이고 싶은 내 마음
핑크빛으로
사랑으로
행복으로
그대와 함께

동백꽃

- 오동도의 흔혈

육지와 연결하는 다리를 놓아
다리를 잃은 절름발이 섬
섬으로서 자연미 잃고

기다림이 응고되어
섬 전체를 물들이며
붉게 타오르는 동백꽃

겨울철 추위에
더 붉게 피어오르고
파도소리에 달아올라
더욱 붉어진 오동도

비바람과 파도에
섬 지키느라
밤낮으로 신음하며
아픔을 호소하는 저 섬

내려다보는 하늘도
가끔씩 눈물 흘리고
바다를 떠도는 구름도
가슴 출렁거리고

섬을 돌아보는 내 발걸음
휘청거리고
섬을 스쳐가는 내 마음
붉은 피 토하고

나의 겨울도
동백꽃처럼
더 붉게 피어오르다가
지기를

오동도에서는

8

섬 같은 사랑을 위하여

사랑은 자연처럼
- 보길도에서

푸른 희망으로 떠 있고
드높은 곳 우러러 보듯
이상적인

사랑은 하늘처럼

아량이 있는 넓은 가슴
깊은 배려를 하듯
포용성 있는

사랑은 바다처럼

섬의 기둥으로 우뚝 서고
주춧돌처럼 받쳐 주어
신뢰할 수 있는

사랑은 산처럼

공중을 날고 있는 여유로움
바람처럼 흐르는 유연함으로
낭만적인

사랑은 구름처럼

사랑할 때는 뜨겁게 하고
변함없이 오르내리며
열정적인

사랑은 파도처럼

고달픈 삶 식혀주고
고뇌와 원망 날려 보내며
위로하는

사랑은 바람처럼

하늘만 쳐다보고 자라며
남의 것 탐하지 않고
순수한

사랑은 나무처럼

한 곳에 머물고 있으면서
어떤 경우에도 변하지 않고
묵묵한

사랑은 바위처럼

비바람 불어도 끄덕하지 않고
파도가 들이쳐도 꿈적하지 않고
변함없는

사랑은 섬처럼

변함없이 용서하고
끝까지 인내하며
공생하는

사랑은 자연처럼

사랑이란

- '나의 섬'에서

이른 새벽
난초 위에 맺혀 있는

한 방울의
이슬과 같은 것

바람 불면
굴러 떨어지고

햇살 비추면
날아가고 마는

사랑의 미로

- 마라도를 거닐며

사랑의 성공과 실패의 쌍곡선
행복과 불행이 교차하는 골짜기
그 사이를 헤매는 인생

'이것이 사랑이다' 말할 수는 없고
'무엇도 사랑이다' 말할 수밖에 없는

"사랑, 그 설명할 수 없는"*

난마처럼 얽혀 있는 사랑의 미로
사랑으로 가는 길의 표지판이 없고
사랑으로 안내하는 지도가 없으니

그 십자로에서 헤매는 사람들

사랑이기 성공적이기 위해서는
지혜와 기술이 필요하지만
사랑은 굳건한 믿음으로 가꾸어가는 것

"사랑하면 천국을 엿볼 수 있다"**

구원으로 가는 길은 오직 사랑뿐
사랑하고 사랑받는 순간
그곳이 바로 천국 아닌가

마음껏 사랑하다 가라
인생은 한 번뿐이고
그 순간은 다시 돌아오지 않으니

사랑은 자연스럽게
구름처럼 바람처럼

*   유진 오닐
** 프란치스코 교황

소식을 기다리며

- 굴업도에서

지금도 그대 소식
기다리고 있습니다
구름 쳐다보고
섬을 거닐며

내 마음은

구름이 산자락 타고 내려와
다가올 때에는
그대 소식 전해올까
가슴 뛰며 기다립니다

내 눈은

바람이 남쪽바다로부터
불어올 때에는
그대 소식 전해올까
마음 졸이며 기다립니다

내 귀는

그대 소식 전해오지 않고
세월만 흐를 때에는
언제 소식 전해올까
잠 못 이루며 기다립니다

내 가슴은

오늘도 그대 소식
기다리고 있습니다
하염없이
바닷가 거닐며

온 몸으로

바닷가 밤길

- 보길도에서

하늘이 내려와 잠든 바닷가
암흑이 삼켜버린 해변 길
구름 사이로 뛰쳐나온
별 하나 바라보며

나란히 걷는 두 나그네
자유로운 영혼들

바람은 가슴 속으로 파고들고
파도소리 가슴 뛰게 만들고
어둠은 몸짓으로 유혹하지만
더 이상 갈 수 없는

육지의 끝과 바다의 시작
둘이 교접하는 곳

파도소리와 심장 뛰는 소리
공명(共鳴)을 일으키니

두 마음은 동화되고
어두운 무대 위에서

연기는 펼쳐지고 있었다
자연의 박수갈채 받으며

천상에서 내려오는
구원의 소리 펼치며
역사는 이루어지고 있었다
바닷가에서

두 영혼은 하늘로 비상하고
그 순간 지상에는 없었다

파도소리만 털썩털썩

첫사랑의 추억
- '나의 섬'을 거닐며

멀고도 아득한 섬
첫사랑의 추억
가슴만 출렁이고
성녀처럼 바라만 보다

멀리 떠나보낸 그 섬

그 속을 섭렵하지 않았기에
신비 속에 숨어있던 숲
그 물을 마시지 않았기에
생수를 볼 수 없던 우물

아직도 추억 속에 머물고 있는

못 다한 사랑은 아름다운 법
미지의 세계는 더 신비하고
스쳐가는 스크린처럼
첫사랑은 시간의 벽을 넘어서

삶에 활력소가 되는 추억

섬을 닮은 첫사랑
시간의 끈을 붙잡고
구름 따라 흐르며
파도처럼 출렁이지만

두 번은 누릴 수 없는 첫사랑

"여성성이 세계를 구원하리라"*
이제야 그 의미를 알 듯 하지만
구원을 얻고 싶은 소망은
그리움 타고 하늘로 치솟는데

첫 사랑의 추억이여!

가슴속에서 영원하라
아름다운 추억으로
추억 속에서 영원하라
가시지 않는 사랑으로

추억의 섬 다시 거닐며

* 괴테의 〈파우스트〉 마지막 구절임.

잔영(殘影)

- 청산도에서

여름 바닷가 한 모임에서
한 여인과 만나
파도소리 들으며 함께 걸었지
어둠 속으로

그 잔영은 그리움으로 남고

머나먼 거리 만날 수 없는 곳
천국과 지옥을 오가는 그리움이란 병
약도 없다
처방도 할 수도 없고

그러면 어쩌란 말인가

그림자처럼 항상 따라다니는
그리움이라는 병
혼자서는 풀 수 없는
난해한 고차 방정식

그래서 어쩌란 말인가

그리움을 하나의 병기로 만들어
마음의 정원을 가꿀 때
그리움은 아름다운 열매로 달리고
마음의 평화를 주리니

여기에 명약이 있네

사랑은 과거형이 아니고
사랑은 미래형도 아니고
사랑은 오늘에 머물며

현재진행형이어야 하는 것

지금은 지나간 간이역
추억의 앨범 들추어보며
홀로 거닐고 있는 바닷가

그리움을 확대재생산하면서

겨울연가(戀歌)

- 남이섬에서

하얀 눈송이로
그대 가슴속에 내리고 싶다
겨울 눈길을 거닐며

하얀 마음으로
그대 가슴속에서 머물고 싶다
파도소리 들으며

겨울 눈송이처럼
희디흰 사랑을 그리고 싶다
구름 따라 흐르며

백색천국을 거닐며
하얀 사랑으로
겨울을 뜨겁게 달구고 싶은

나의 겨울
나의 소망
나의 여행

이별 그 후

- 금오도에서

"도무지 알 수 없는 한 가지
사람을 사랑한다는 그 일
참 쓸쓸한 일"이야*

당신과 나
두 섬 사이에는 겨울이 오고
건너다닐 수 없는 거리에서
바다만 흐느끼고

사랑이 지나고 난 자리에는
상처만 남아 있고
원망이 가득하고
아쉬움이 있을지라도

최고의 명약은 망각이라는 것

아름다운 추억만 간직하면서
과거사는 모두 잊어버리고

오늘에 몰입하면서 살아가는 것
그것이 유일한 비상이니

"사랑하면서 가장 중요한 것은
이별하는 방법을 아는 것이다"**

사랑에도 유통기한이 있으니
지나간 사랑에 포로가 되지 말고
흘러간 시간을 원망하지 말고
새로운 사랑에 희망을 갖기를

섬을 거닐면서 몸소 느끼는 만시지탄
과거사 바람에 다 날려 보내고
구름 쳐다보고 바닷가 걸으니
행복이 내 안에 가득 하네

* 양희은의 노래, 〈사랑, 그 쓸쓸함에 대하여〉 중에서.
** 보들레르

자신을 사랑하라
- 월미도 바닷가에서

"결국 나의 천적은 나였던 것이다"*

"자신을 사랑하는 것이야말로
평생 지속되는 로맨스다"**

사랑은 행복으로 가는 길
사랑은 자아완성으로 가는 길
사랑은 구원으로 가는 길

良(심)으로 벽을 높게 쌓아올리고
努(력)으로 곡간을 차곡차곡 쌓고
善(행)으로 사회에 널리 베푸는

자기애(自己愛)

사랑의 종점은 자기 자신이다
아름다운 사랑
고결한 사랑

희생적인 사랑

자연을 음미하고 거닐면서
나와 대화를 나누며
온몸으로 행하는 자기애

섬에서 거닐며 쌓고 있다

*　　조병화의 시
**　오스카 와일드

9 가을에는 낙엽이 지고

가을이 오면
- 자월도 가는 길에서

가을이 오면 흔들리는 것이
어찌 억새풀뿐이랴

하늘에서 구름 흘러가듯
바람에 나뭇잎 흔들리듯
호수에서 물결 떨리듯
파도가 쉼 없이 출렁거리듯

내 마음도 흐르고
내 마음도 흔들리고
내 마음도 떨리고
내 마음도 출렁거리는 것을

가을하늘 높을수록
그리움은 깊어가고
가을단풍 붉을수록
가슴은 불타오르니

어디론가
떠나고 싶은 유혹
물리칠 수 없는 마음
어찌하리

깊어가는 가을에 길 잃은 나
어디로 갈 것인가

늦가을에

- 나의 만추

단풍으로 붉게 물든 섬에서
텅 빈 가방만 메고
홀로 거닐고 있는 바닷가

가을이 지나가는 소리에
내 가슴은 저려오고
살아온 날 결산해 보지만

빈 가방 속에 남은 건
허공뿐

가슴속에 남아있는 건
공허뿐

무겁기만 한 발걸음
바람소리에 밀려가고
추억을 밟고 걸으며

그렇게 섬을 건너가고
그렇게 가을도 지나가고
그렇게 인생도 흘러가고

하루하루 의미로 채색하며
아직 살아 있다는 기쁨으로
일구는 마지막 작업은

어떻게 떠날 것인가
밑그림을 그려가며
준비를 하고 있는

나의 만추

나 홀로 붉게 타오르고 있을 뿐

석양을 바라보며

- 청산도에서

늦가을에 깊어가는
산 그림자 밟고 걸으며
산길에서
바다 위에 걸려 있는
석양을 바라보는 나

나의 자산은
혼자라는 것
남겨진 시간
아직도 버리지 못한
그리움뿐

아무도 끼어들지 못하는 시간
오늘도 낚시질을 한다
섬 여행 하면서
나의 영혼 살찌게 만들고
영양가 있는 삶 만들기 위해

낚시 밥은 그리움
구름처럼 세상을 떠돌고 있지만
항상 가슴에 품고
여기까지 왔다
마지막 꿈을

산 그림자 길게 자라고 있지만
아직도 못다 태운 에너지
저 일몰처럼
붉게 태운 후
저 세상으로 건너가고 싶은

나의 마지막 소망

평생의 계산서는 비워둔 채

일몰

- 승봉도에서

붉게 타오르는 저 열정
자신을 송두리째 태워
세상을 아름답게 장식하다가
유종의 미를 거두고 떠나는

저 화려한 일몰

저 속에서 스토리가 불타고
저 속에서 마지막 열정이 춤추고
저 속에서 자연이 노래 부르고
저 속에서 진리가 타오르고

나도 저녁하늘에 일몰처럼 떠서
마지막 불꽃을 피우며
저녁노을처럼 아름답게 장식하다가
저 세상으로 건너가고 싶다

저 불타는 일몰처럼

남아 있는 시간
의미를 덧입히고
순간순간
아름다움을 뿜어내면서

늦가을에 바닷가에서
붉은 노을 바라보며
그리움도 불사르고
하얀 겨울로 건너가는

나의 마지막 여행

'나이 듦'에 대하여

– 월미도에서

인생은 추상화
생활은 구상화
색깔 하나씩 덜어내면서
구상을 추상으로 만들어가고

청춘은 서양화
노년은 동양화
색깔을 조금씩 흐려가면서
서양화를 동양화로 만들어가고

물리적으로는
노년이 되면서 쇠약해지고
자연으로 돌아갈 날이
가까워지는 것이지만

정신적으로는
나이가 든다는 것은
자신을 비워가며

현실을 수용하는 것

세월에 걸터앉아
천년의 고목나무처럼
침묵으로 말하는 것
지나간 사연을

늙는 것이 아니라
성숙해가는 것
잃는 것이 아니라
완성으로 가는 것

마지막 소망은
그리움 더 키워가면서
'수직적 사랑'* 베풀다가
구원으로 가는 것

---

* 인간 대 인간의 사랑이 아닌 인간에 대한 하나님의 사랑을 말함.

홍시
- 연화도에서

찬바람 견뎌가며
빈 나뭇가지 위에서
허공을 붙잡고

알몸으로
처연하게 연출하는
저 생의 끝자락

마지막 가는 길
온몸으로 보여주며
이별을 준비하는

순간의 장렬한 행차
생의 마감이 아니라
생의 완성이니

숙연한 분위기 연출하며
순간적으로 떨어지는

감의 저 행차

'툭'

임무를 마치고
본향으로 돌아가는 길
자연의 순리이지만

남아있는 허공은
바람에 떨고
바라보던 내 마음은
허망함에 떨고

그렇게 가을은 지나가고
그렇게 인생도 흘러가고

낙엽

- 사승봉도에서

자신의 신성한 임무 마치고
바람 타고 분분하게
영원한 고향
대지로 돌아가는 낙엽

나뭇가지에는 허공만 매달아놓고
사람들 가슴에는 공허만 새겨놓고

'모든 생명은 왔다가 간다는 것'

그 유한성을 온몸으로 보여주면서
무로 돌아가는
낙엽은 살아있는 자연의 섭리

낙엽은 끝이 아니라
완성으로 가는 길
낙엽 떨어지는 소리에
내 영혼은 깨어나고

어떤 낙엽으로 돌아갈 것인가
내 인생 결산하며
걷고 있는 산길
나의 생도 이렇게 지고 있네

바람에 휘날리는 낙엽처럼
허허로움을 밟고
오늘을 건너가고 있는 나

늦가을 오후에

겨울나무

– 욕지도에서

입고 있는 옷 다 벗어버리고
산기슭에 누드로 서 있는
저 겨울나무
가지마다 허공을 매달고
파도소리에 몸을 기대고
차디찬 바닷바람과 싸워가며
참선을 하고 있네
온 몸으로 보여주는 건
'비우라'
'지금 나의 계절도 겨울인데
무엇을 해야 하는지 생각해 보라'
찬바람에 옷깃 여미며
자연의 교훈 엿듣는다
아직도 못다 버린 욕망
겉치장으로 지고 다니는 섬 여행
겨울나무 쳐다보며
깨닫는 인생길
'그래 이제는 모든 것 다 털어버리고

가볍게 겨울을 건너가자'
저 겨울나무처럼
다짐하면서
눈이 쌓인 산길을 걷고 있는

나

겨울나무

첫눈처럼

- 홍도에서

바닷가에 내리는 첫눈
파도 리듬에 발맞추어
바람 타고 분분하게
첫사랑의 추억도 내리고

첫눈처럼 발걸음도 출렁거리고
첫눈처럼 마음은 함께 춤추고
첫눈처럼 걸어가는 바닷가
첫눈처럼 설레는 섬 여행

첫눈처럼 추억은 녹아버리고
첫사랑의 얼굴도 사라지고
모래사장에서 찬바람 맞으며
허공을 딛고 걷는

첫눈 같은 추억
첫눈 같은 여행
첫눈 같은 인생

구름 따라 흐르고
바람 타고 흐르며
첫눈처럼 떠도는
내 발길

겨울 나그네

- 나의 현주소

눈 내리는 바닷가에서
차디찬 바닷바람 맞으며
인생의 겨울을 지나고 있습니다

나무들은 알몸으로 떨고 있고
파도소리에 가슴은 저리고
구름 따라 걷는 길 쓸쓸하기만 합니다

인생을 지나가는 간이역에
하얀 눈이 분분하게
추억을 싣고 내려옵니다

추억을 밟고 걷습니다
추억을 씹으며 거닙니다
 추억을 주워 담으며 갑니다

언제 이곳에서 수영을 하였던가
언제 이곳에서 사랑을 나누었던가

언제 이곳에서 시 습작을 하였던가

이제는 모든 것들과
작별을 고해야 하는 시간
내 의사와는 상관없이

모래사장 위에는 허공만이 출렁거리고
내 가슴속에서는 허무만이 춤추고
이제 무를 향하여 달려가고 있습니다

일몰처럼 붉게 타오르다가
아름답게 마지막 장식하며
저 세상으로 건너가기를 소망하는

나는 겨울 나그네입니다

빈 의자

- 사도에서

바닷가에서 홀로 바닷바람 맞으며
그리움만 마시며 앉아 있네

저 멀리 수평선만 바라보고

바람 불어오면
그대 소식 전해올까 가슴 졸이며

때로는 눈물로 온몸을 적시고
때로는 흰 옷으로 갈아입고

하루도 거름 없이 밤낮으로
지루한 시간 삼켜가며

손꼽아 기다리고 있네
허공을 마셔가며

그대를

10
섬에서 걸으며 배우며

걷는 것만으로도

- 승봉도에서

살아서 이곳 섬에서
걷는 것만으로도
행복한 것을

구름 쳐다보고
파도소리 들으며
걷는 바닷길

자연과 소통하고
나를 만나며
충분히 행복하네

섬은 학교

- 대청도에서

섬은 학교다

교실이 따로 없고
선생이 따로 없는
학습 공간

자연 속으로 들어가니
자연이 교실이고
자연이 선생이고

소통 수단은 침묵
알몸으로 보여주는 것이 전부인
자연의 가르침

아는 만큼 보이고
사색하는 만큼 느끼고
노력하는 만큼 깨닫는

배우는 자세로 섬을 거닐면
자연은 선생이 되고
자연은 의사가 되고

섬은 자율학습 공간

'내 탓이야'

– Born again

섬에 가서 거닐면서
자연의 음성 들으며

비로소 깨달은 것

관계에서 오는 모든 문제는
내 탓이라는 걸

수평적 사랑 때문이야
주고 받는 사랑

자연과 소통하면서 걷고
자연의 음성 들으며 깨달으니

비로소 용서할 수 있게 되고
아량으로 수용할 수 있게 되고

걸으면서 나로부터 해방되고

길 위에서 다시 태어나는 나

자연의 심성 닮아가며

감사해요

- 사승봉도에서

늦가을에 바닷가 걸으니
감사해요
이처럼 살아있다는 사실에
이만큼 건강하다는 사실에
섬 여행을 하고 있다는 사실에
구름 쳐다보고 걸으니
발걸음도 가벼워지고
파도소리 들으며 걸으니
가슴이 뛰고
바다바람 맞으며 걸으니
마음이 시원해지고
마음의 평화 가득하니
이것만으로 행복해요
오늘은 신의 선물
주어진 오늘에 감사하고
오늘을 거닐며 행복하고
오늘을 건너 구원의 길로 들어서는
지금 이 순간

천국을 걷고 있네
무조건 감사하며 사세
오늘에 몰입하며 사세
오늘이 마지막인 것처럼 사세
그러면 의미 있는 인생이 되리니

마음의 평화
- 자월도에서

구름 쳐다보고 섬을 거닐며
자연의 품에 안기면
자연스럽게 찾아오는

마음의 평화

가던 길 멈추고 돌 위에 앉아
눈 감고 명상을 하면
세상의 모든 번뇌를 잊는

마음의 평화

섬을 거닐며 과거에 분노하지 않고
미래에 불안해하지 않고
오늘에 몰입하면 다가오는

마음의 평화

욕망을 내려놓고 걸으며
다른 사람과 비교하지 않으면
빈 공간에 가득 차는

마음의 평화

간소한 생활을 하며
마음의 수양을 하고
감정을 지배하면 누릴 수 있는

마음의 평화

자족감을 가지고
자신을 사랑하는 사람이
지속적인 행복을 누리는

마음의 평화

단순한 삶
- 소이작도에서

섬에서 걸으면서 누린다
단순한 삶이 행복인 것을

"사치를 중단하라
섬으로 떠나라
자연의 품에 안겨라
소박하게 살아라"*

이러한 요구의 진실은
마음가짐을 단순화하라는 것

"손에는 일을 줄이고
몸에는 소유를 줄이고
입에는 말을 줄이고
대화에는 시비를 줄이고"**

탐욕을 버리고 생활의 규모를 줄이면
자유를 얻게 되고

관리할 시간을 벌게 되며
보관할 공간을 넓히고
에너지를 절약할 수 있으니

섬에서 마음을 비우고
가볍게 걸으니
인생이 가벼워지고
온몸으로 행복의 피가 흐른다

섬사람들처럼

*   샤를 바그네르
**   성철 스님의 간구함이다.

나무처럼

- 무소유의 삶

하늘을 쳐다보며
나무 숲속을 걸으니
떠오르는
법정 스님의 말씀

"나무처럼 살라"

나무의 의미는
'나' 홀로 '무'언의 침묵을
미덕으로 살아가라는 것

생존에 필요한 최소한의
뿌리 가지와 잎만 가지고 살고
그 이상의 것을 가지려하지 않는

나무를 보라*

먹이를 빼앗기 위해 다투지도 않고

영역을 넓히기 위해 싸우지도 않고
함께 있으면서도 거리를 유지하며
오직 하늘만을 향하여 뻗어오를 뿐

'공생'의 법칙을 지키며**

식물공동체가 공생하는 모습
식물을 보고 배워야 하리
자연의 섭리로 무장해야 하리
우리들은

나의 행복을 위하여
건전한 공동체를 위하여

---

* 자신이 몸소 실천하고 떠나신 '무소유'란 소유하지 말라는 것이 아니라 필요한 최소한의 것만 갖추고 살라는 말이다.
** 이를 '수관 기피 현상'이라고 부름. 수관은 나무의 가장 윗부분으로 줄기 끝에 가지와 잎이 달린 부분으로 서로 떨어져 공생하려는 기피현상을 말한다. 식물학자들은 이러한 현상을 일정한 거리를 둠으로써 햇빛을 함께 받기 위한 공존법이라고 한다.

물처럼

- '여덟 가지 덕목'

섬에 와서 바닷가 거닐며
비로소 깨닫는 것
물 흐름의 깊은 뜻이다

인간수양의 근본은
물이 가진 여덟 가지 덕목에 있다
'수류팔덕'(水流八德)*

① 낮은 곳을 찾아 흐르는 겸손
② 막히면 돌아갈 줄 아는 지혜
③ 구정물도 받아주는 포용력
④ 어떤 그릇에나 담기는 융통성
⑤ 바위도 뚫는 끈기와 인내
⑥ 장엄한 폭포처럼 투신하는 용기
⑦ 유유히 흘러 바다를 이루는 대의
⑧ 겉은 변해도 근본은 변하지 않는 신의

섬사람들에게는 익숙한 모습이다

순리적이고 합리적인 자연법칙이요
인간이 지켜야할 사회규범인 것을

물의 생리는 흐르는 것
물 흐름의 종점은
넓고 깊은 바다

온몸으로 보여주고 있나
율동을 하면서

인생길을

* 노자의 사상

산을 오르며

- 자월도에서

산기슭 따라 정상을 향하는
꼬불꼬불한 오솔길
인생길처럼

정상에 오르는 목표가 있어
사람들은 무거운 가방을 메고
오르고 또 오른다
주변은 둘러보지도 않고

나무들이 보내는 침묵의 메시지

"무거운 짐 내려놓고
자연을 감상하면서
즐거움으로 천천히 오르라"

산에는 음악이 있고
시가 있고
철학이 있고

종교가 있나니

"걸음은 삶의 오만을 버리는 기도
번뇌를 죽이는 죽비
평화를 건네는 풍경 소리"*
등산은 수도와 같은 것

정상에서 머무는 시간은 잠깐
이제 하산을 해야 한다
인생길도 내려올 때가 더 위험한 것처럼
절제와 겸손이 필요한 하산 길

"매일 등산하는 것처럼 살아라"**

산이 주는 교훈 되새기면서
비로소 나를 만나며
등산길에서 다시 태어나는 나

* 성전 스님
** 헤럴드 멜처트

지나침은 모자람만 못한 법

– 백령도에서

지금까지 행복하지 못한 건
저 높은 곳만 목표로 바라보고
인생의 무거운 짐 내려놓지 못하고
휘청거리며 걸어왔기 때문이니

"자연은 인간의 필요를 충족시키지만
탐욕은 만족시킬 수 없다"*

행복도 지나치면 안 되고
사랑도 지나치면 안 되고
일도 지나치면 안 좋고
말도 지나치면 안 좋고

모든 것이 지나치면 모자람만 못한 법**
과욕이 행복의 최대의 적이다
행복을 송두리째 앗아가는

무거운 짐 내려놓고

마음을 비우고
바닷가 거닐면서
온몸으로 느낀다

"욕망을 이성의 지배하에 두라"***

욕망의 노예가 되는 것은
파멸로 가는 길
욕망의 절제가 지나침을 막고
불행을 막는 제동기

다른 사람과 비교하지 말고
과욕을 부리지 않고
마음을 비워가면서
주어진 조건에 맞추어 사는

섬사람들처럼 살아가리라
지금 이 순간에 만족하면서

---

* 슈마허
** 과유불급(過猶不及): 중심에서 균형을 찾는 사회의 기본원리. 모든 곳에 적용되는 중용사상의 원칙임.
*** 키케로

섬들을 내려다보며

- 대이작도에서

(여자의 산이라고 불리는 부아산 해발 163m에 불과한 낮은 산 출렁거리는 가슴 졸이며 빨간색 출렁다리를 엉금엉금 건너가니 5개의 봉수대가 나란히 늘어서 있고 눈앞에 있는 정상에 오른다 운무가 살짝 덮인 섬들의 모습 신비스럽기까지 하다)

섬들도 모여서 산다

바다가 낳은 새끼들인가
조그만 섬들
여기저기에 옹기종기 모여 산다
서로 마주 보며

파도가 들이칠 때에는
서로 방파제가 되어주고
폭풍이 몰아칠 때에는
힘을 모아 맞서는

섬 공동체

섬들이 바다를 갈라놓고 있나
바다가 섬을 갈라놓고 있나
섬들은 바다를 그리워하고
바다는 섬들을 품고 있고

평화스럽게 공존하는 모습
함께 생존을 누릴 줄 아는 지혜
세상을 향하여
온몸으로 시위하는

공동체정신

섬은 영원한 선생이다
인간이 지켜야할 도리
알몸으로 시위하고 있다
바다위에서 흐느끼며

산 정상에서 섬들을 내려다보며
나도 섬이 된다
세파를 견디며
오늘을 건너가는

떠돌이 섬

섬처럼 살다가 가리라
- 연홍도에서

섬처럼 살고 싶다

바다에 홀로 떠 있으면서
의연하게 자리 지키고 있는

섬처럼

푸른 하늘 쳐다보고
항상 꿈을 간직하고 사는

섬처럼

구름 쳐다보며
유유히 흘러가는

섬처럼

파고소리 들으며

항상 가슴 뛰고 사는

섬처럼

거센 파도에 밀려 흔들리지 않고
꿋꿋하게 존재하는

섬처럼

가진 것 없어도 부러워하지 않고
찾는 사람 없어도 외로워하지 않는

섬처럼

지난날의 아픔과 상처는
바람에 실려 보내고 가볍게 사는

섬처럼

섬처럼 살다가 가리라

*섬 여행 결산서

섬을 오가며 걷고 걸었다
자연 속으로 들어가
자연의 음성 들으며
자연의 이치 깨닫고
스스로 찾은 인생의 길

마음을 비우고
섬을 가로세로 거닐며
해방감을 느끼고
자유함을 누리며
나 자신을 만났다

하늘 쳐다보고 걸으면
희망이 둥둥 떠 있고
파도소리 들으며 걸으면
가슴이 출렁거리고
발걸음도 가볍게 거닐면
인생이 가벼워지고

외로움을 털어버리고
마음의 평화를 얻고
섬은 나의 해방공간
섬을 거닐며
다른 내가 되어 돌아왔다

"지금 이 현실에서 그대의 의식 속에
충만한 기쁨과 행복이 가득 넘칠 때
바로 그곳이 천당이다"*

지금 이곳이 천국이다
'걸으면서 누리는 천국'
'살아서 가는 천국'
나는 천국을 거닐다 왔다

구름 따라 흐르며
행복의 발자국 남기고
바로 그곳에
구원으로 가는 길 있었다

느닷없이 암 선고를 받고
의사들이 진단 못하는 질병
동시에 덮치니

섬 여행은 막을 내렸다
코로나도 일조를 하고

제2의 인생을 마감하고
새로운 섬을 다시 걷는다
'제3의 인생'
병마와 싸우는 삶
지금은 빛을 향하여 걷고 있다

섬은 해방공간
나는 자유인
나는 하나의 섬이 되었다

* '예삐바다' 중에서.

■ 마감을 하며

이제 펜을 놓는다
끝내는 것이 아니라
끝냄을 당하는 것이다
예견하지 못한 결과이다
전립선이 있는지도 모르고
마냥 건강할 줄 알고 살아왔는데
전립선 암 판정을 받고
여러 질병이 한꺼번에 몰려오니
'섬 섬 섬' 시집은 접기로 하고
새로운 길을 걷기로 한다

'제3의 인생'

내가 우상이 되어온
'제2의 인생'은 끝내고
인간의 한계를 넘어서면서
하나님 앞에 무릎을 꿇고

신의 영역으로 자리를 옮긴다
존재의 의미를
사고의 방식을
가치의 유형을
생사의 문제를

이제부터는 '제3의 인생'을
노래하고 싶다
마지막 순간까지
병마와 씨름하는 환경에서
새로운 체험을 바탕으로
나만의 마지막 가는 길을
그리고 싶다
부족한 시
시도 아닌 시일지라도

더 많은 섬에 다니면서
새로운 소재들을 구하고
더 깊이 사색하며
수정하기로 한
자신과의 약속
허공에 날려 보내고

독자 여러분들은

이러한 사정을 이해하시고
섬으로 함께 떠나
섬 여행을 즐기시면 감사하겠다
시 속에서의 섬 여행
새로운 인생의 장을 열 것이다
여러분들의 행복을 기원하며
아쉽게 붓을 놓는다

섬, 섬, 섬_섬을 노래하다

초판 발행 2022년 4월 30일

저　　자 • 윤명선
발 행 인 • 한은희
편　　집 • 조혜련
편집·교열 • 이복규

펴낸곳 • 책봄출판사
주　소 • 경기도 고양시 덕양구 통일로 1276-8 (킹스빌타운 208동 301호)
　　　　　서울 중구 새문안로 32 동양빌딩 5층 (디자인 사무실)
전　화 • (010) 6353-0224
블로그 • https://blog.naver.com/anjh1123
이메일 • anjh1123@nate.com
등　록 • 2019년 10월 7일 제2019-0000156호
ISBN 979-11-969999-8-8 03810

• 책값은 뒤표지에 있습니다.